"That love is inexhaustible, you will be there"

forever

—————————————————————

—————————————————————

—————————————————————

—————————————————————

—————————————————————

—————————————————————

Belongs to **THIS BOOK**

—————————————————————

—————————————————————

Visit Our Author Page At
amazon.com

Scan me

DIRT BIKE COLORING BOOK

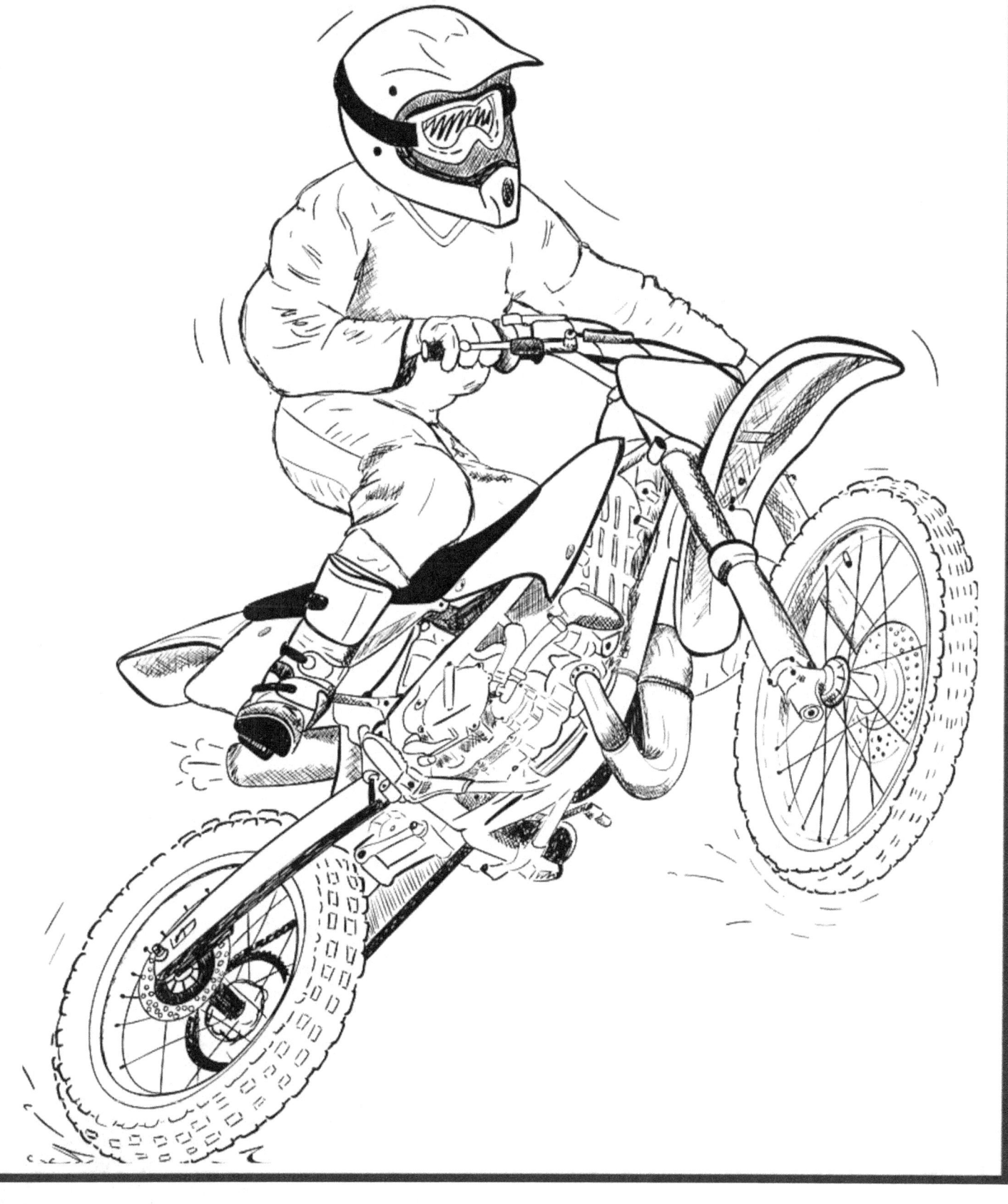

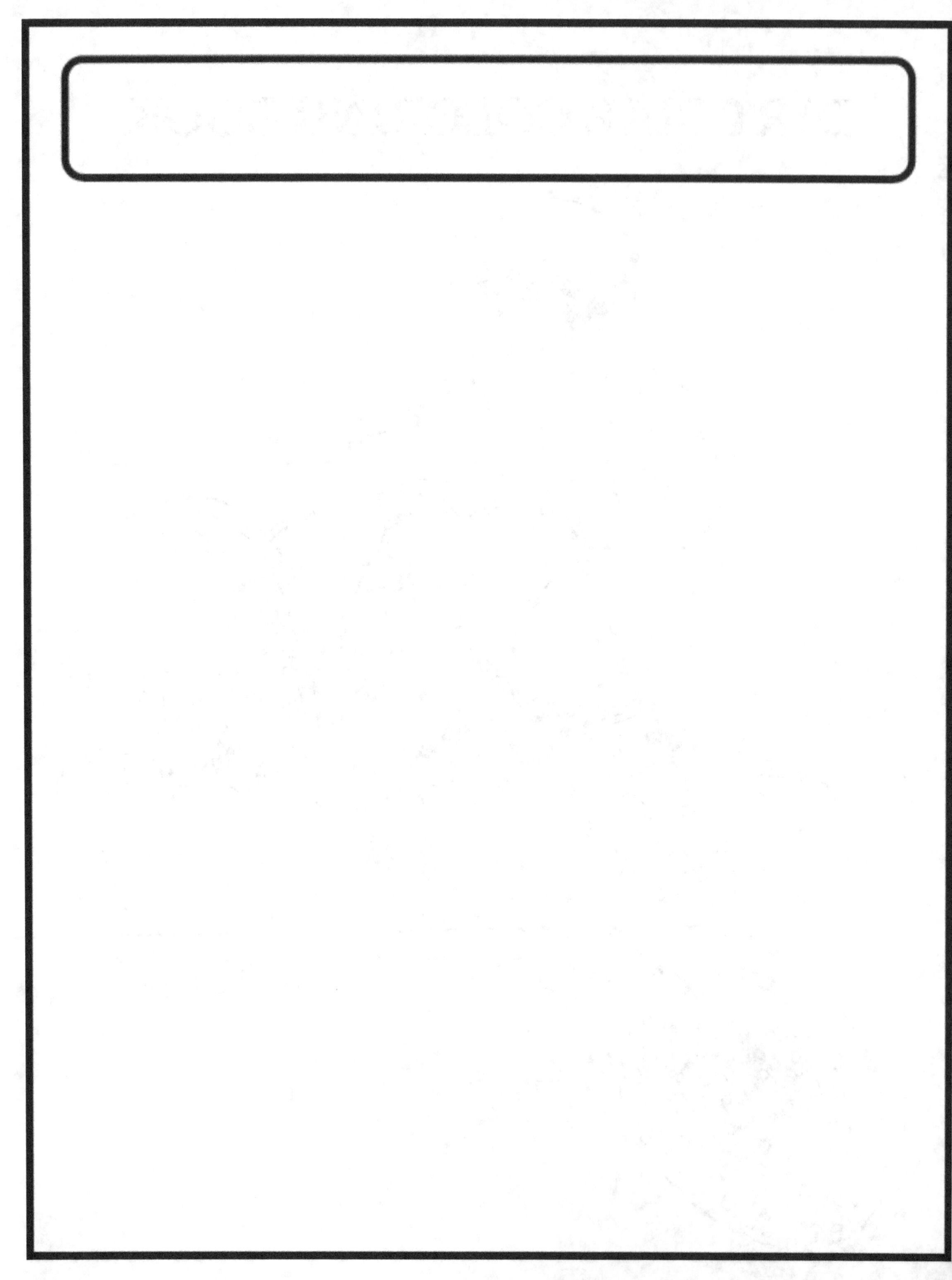

DIRT BIKE COLORING BOOK

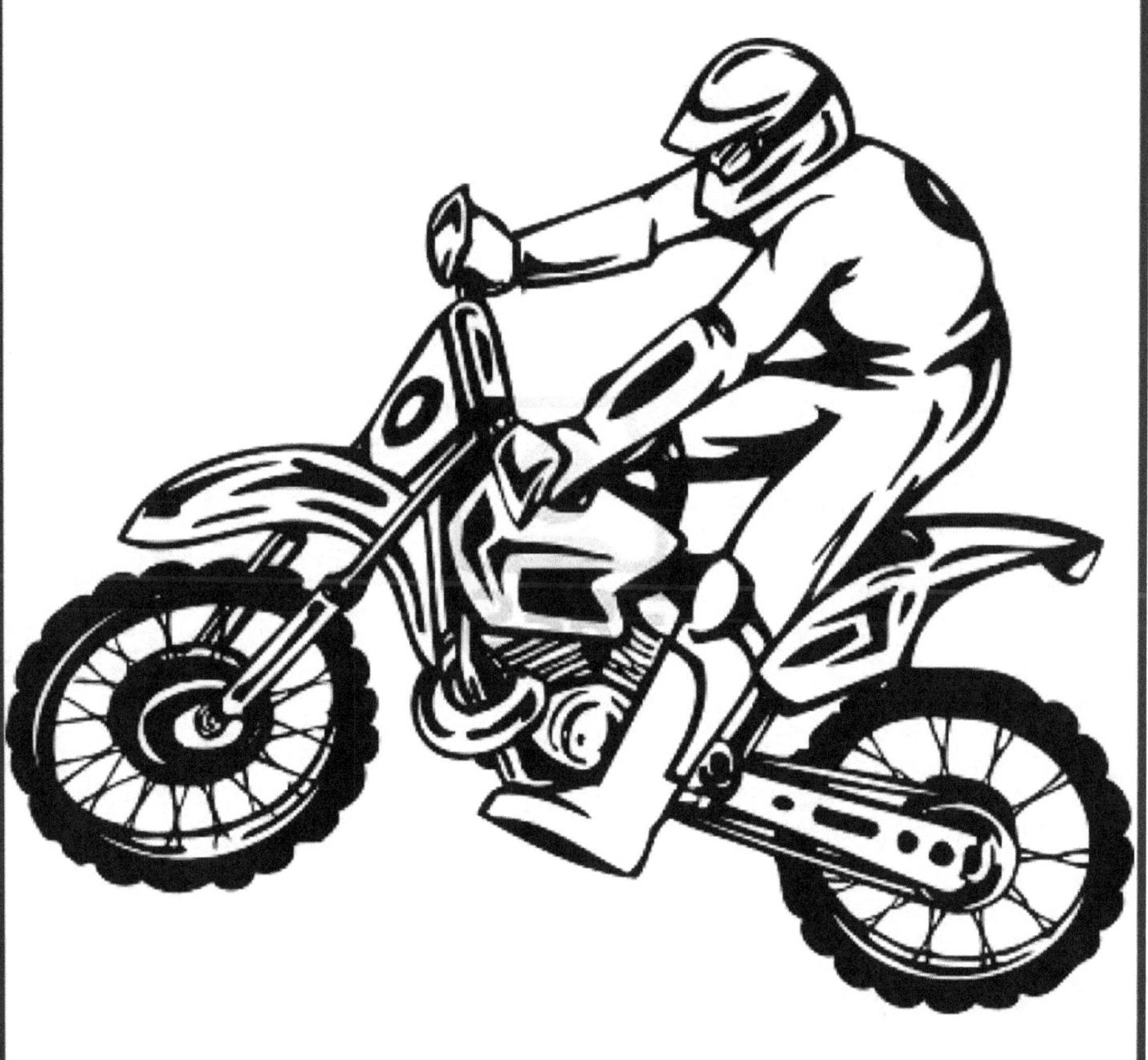

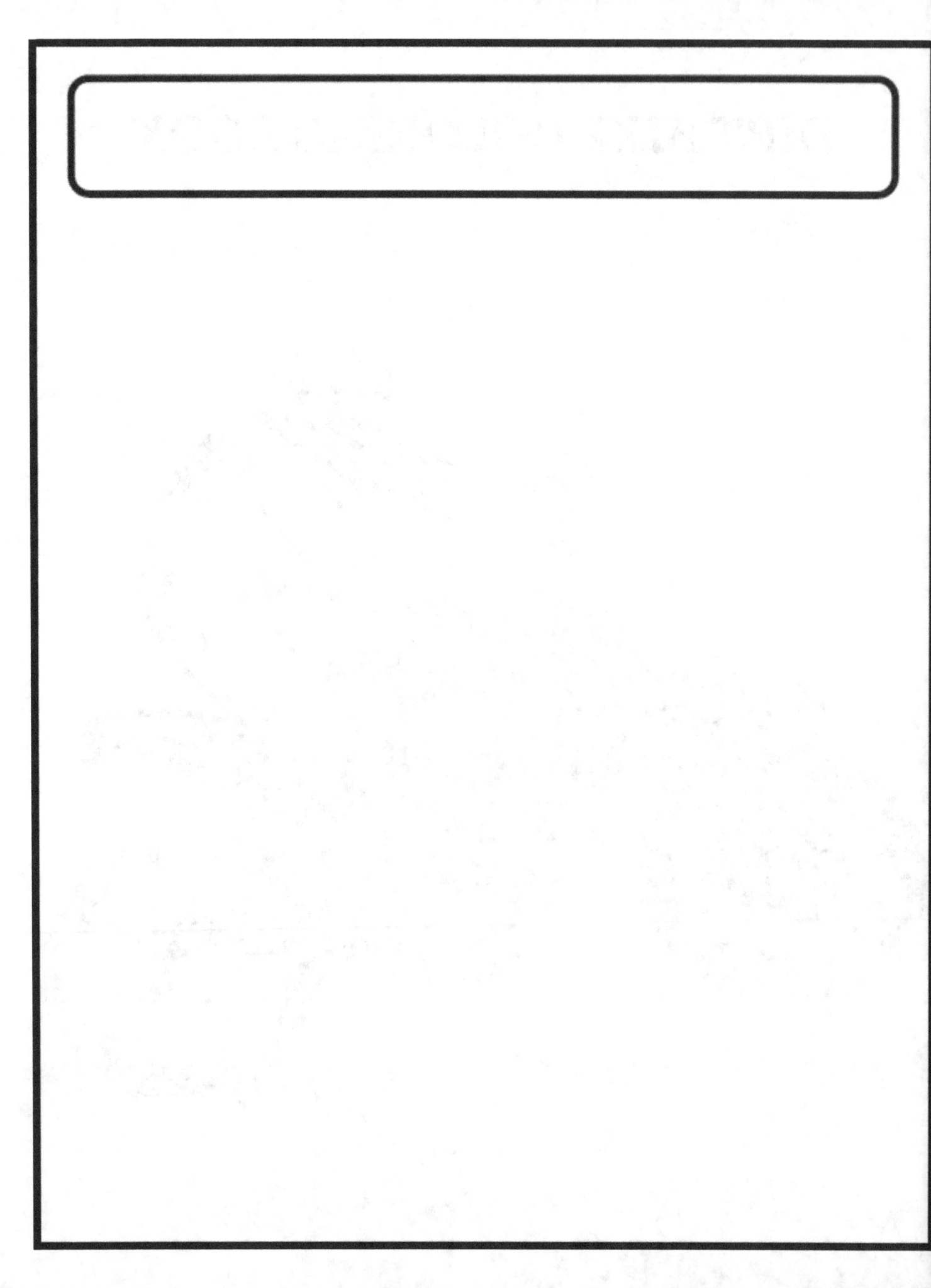

DIRT BIKE COLORING BOOK

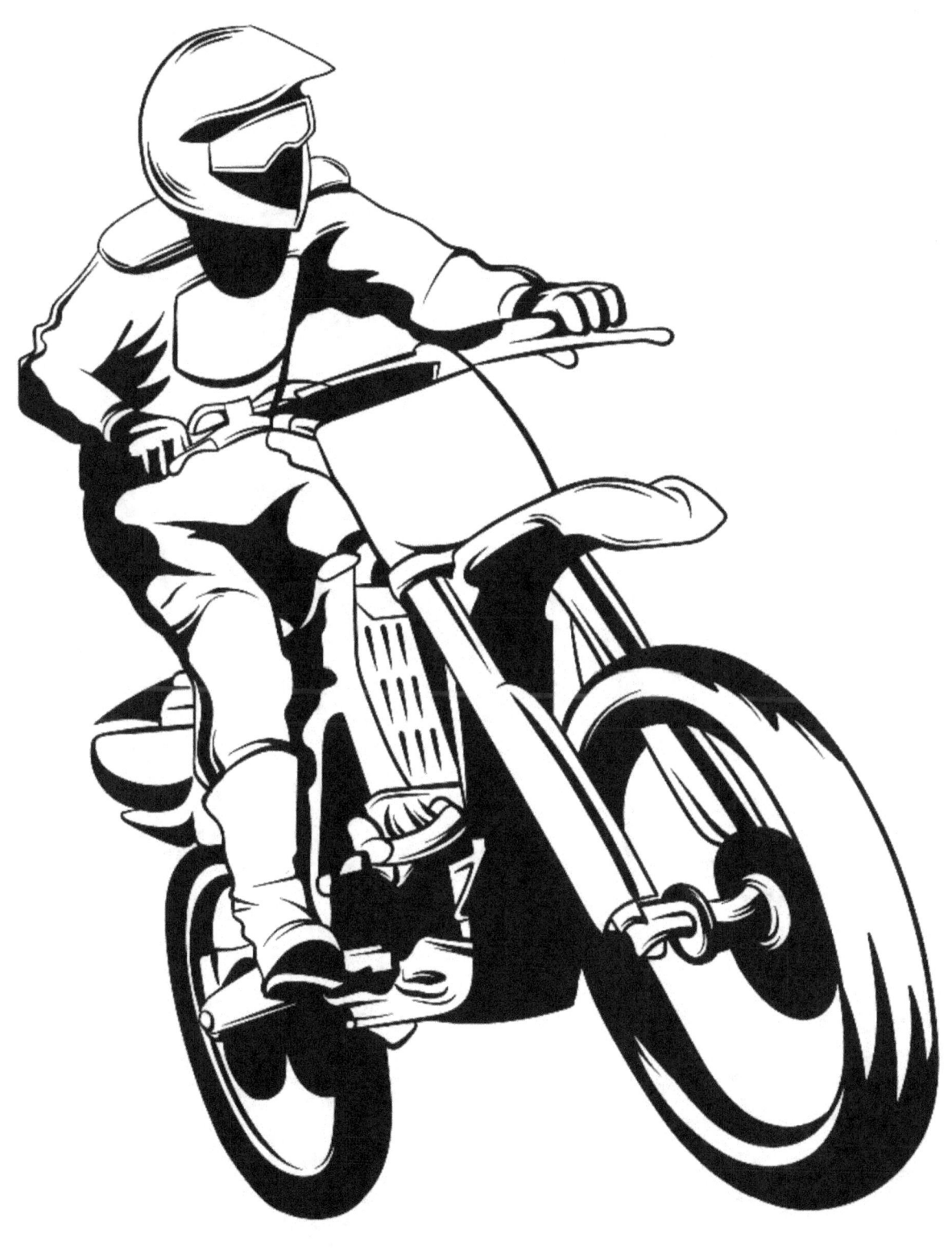

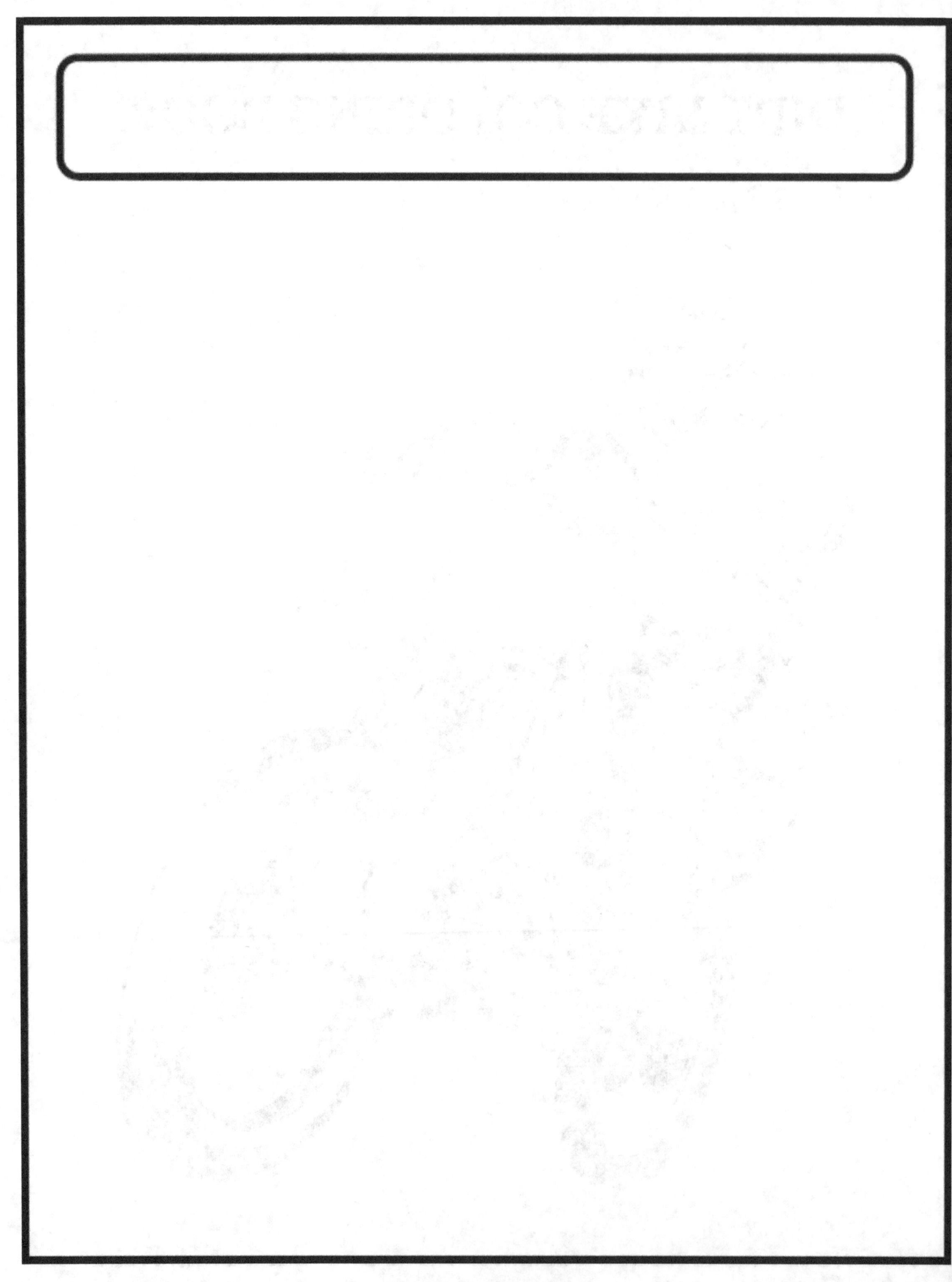

DIRT BIKE COLORING BOOK

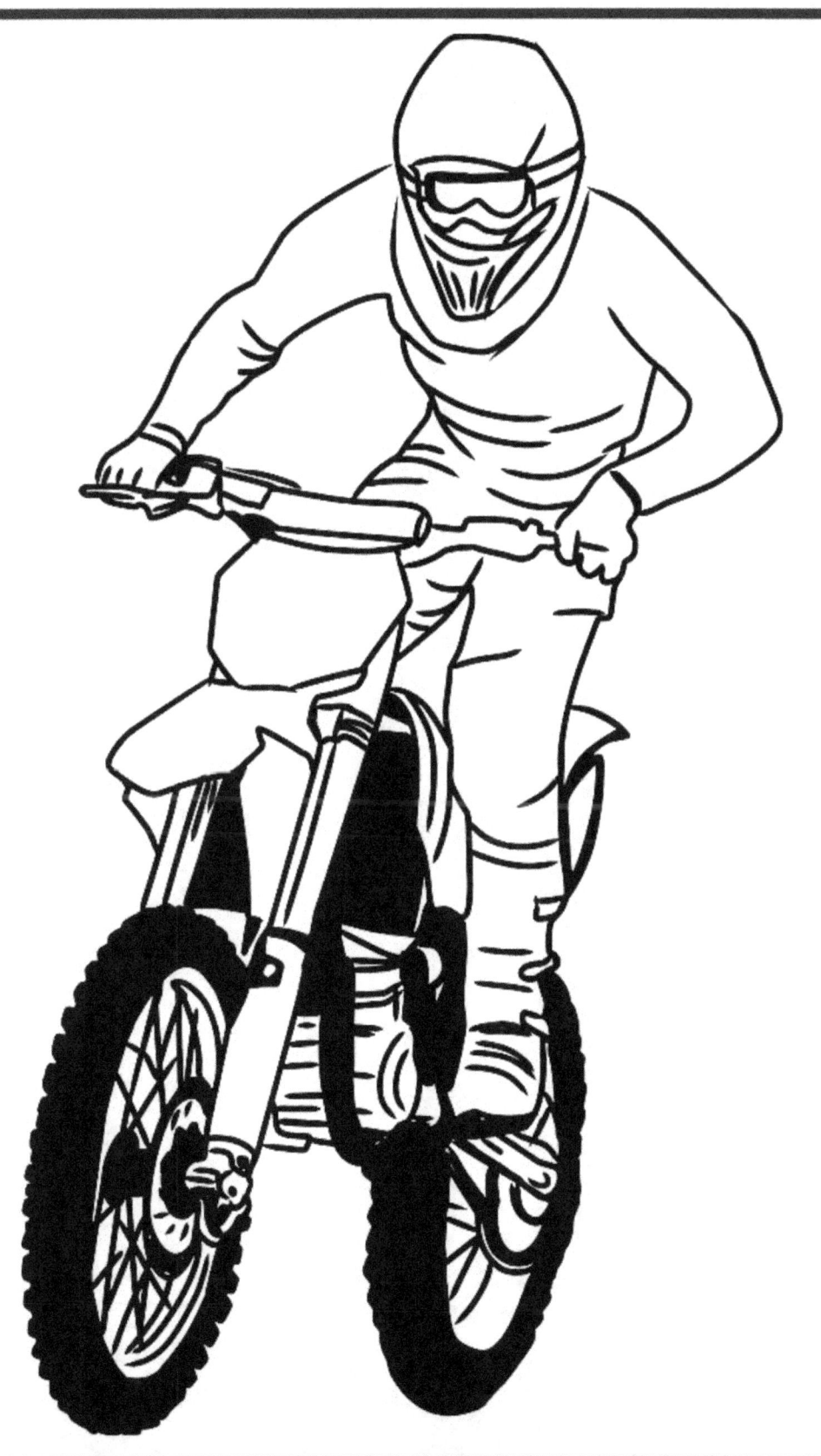

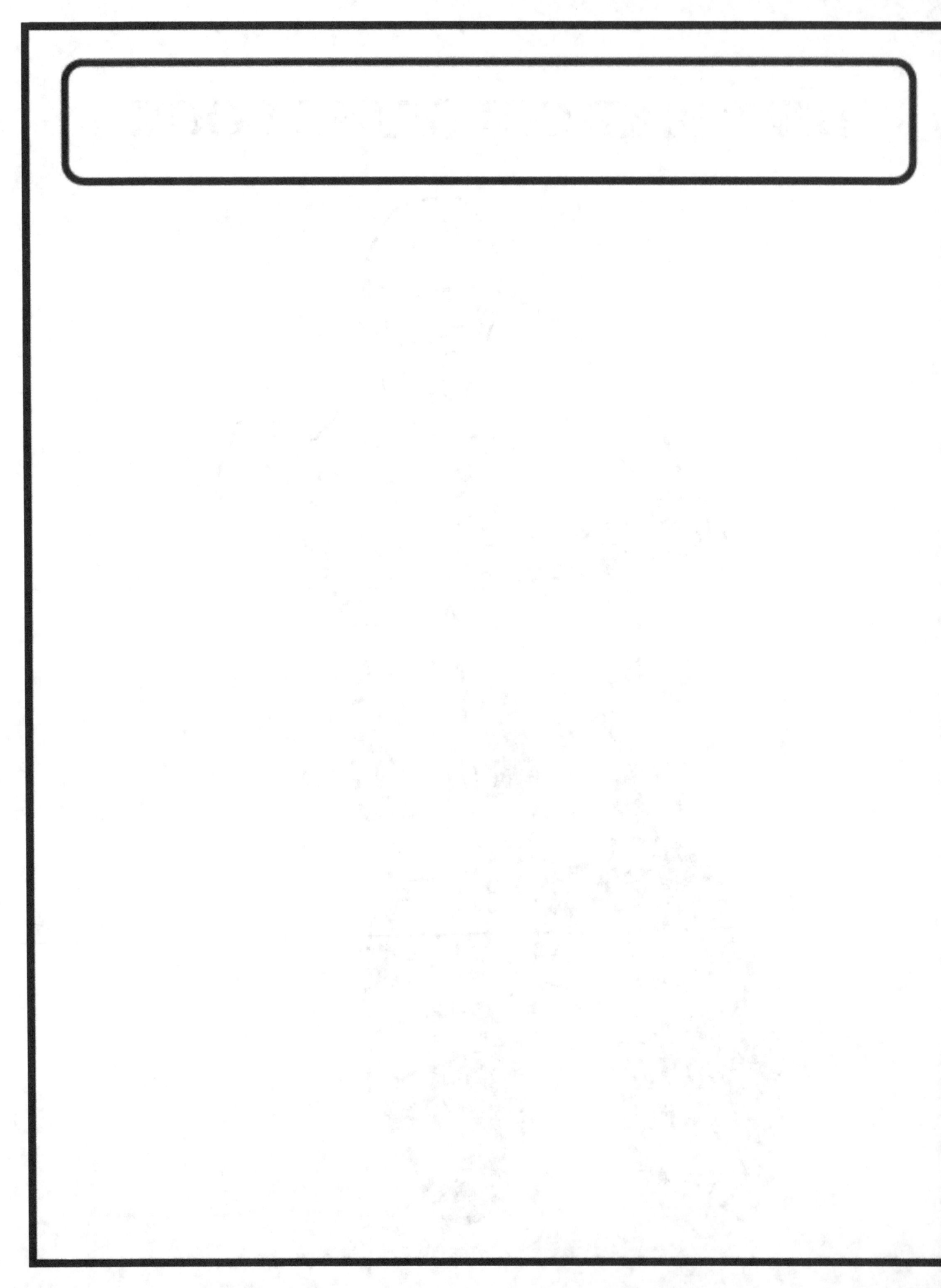

DIRT BIKE COLORING BOOK

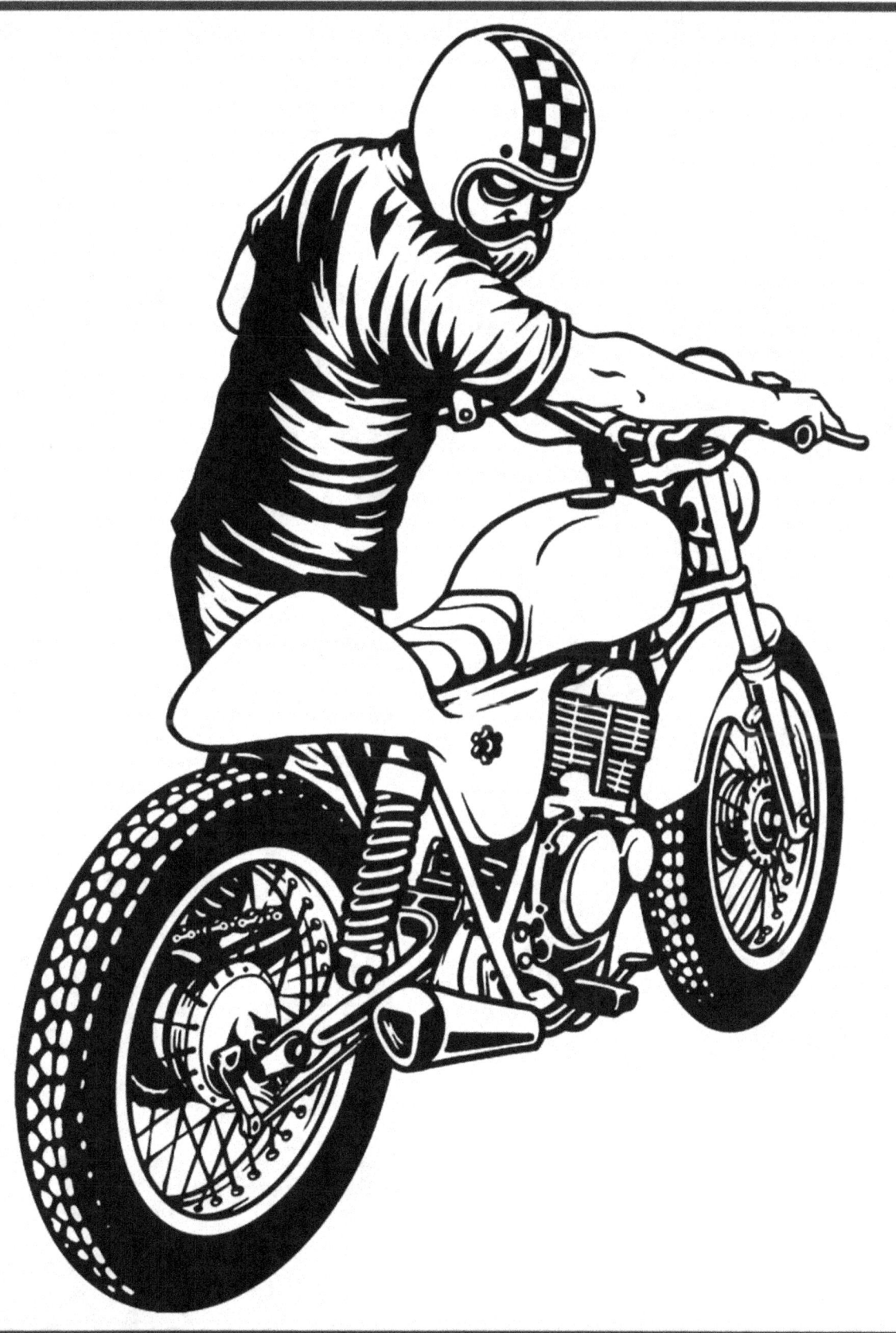

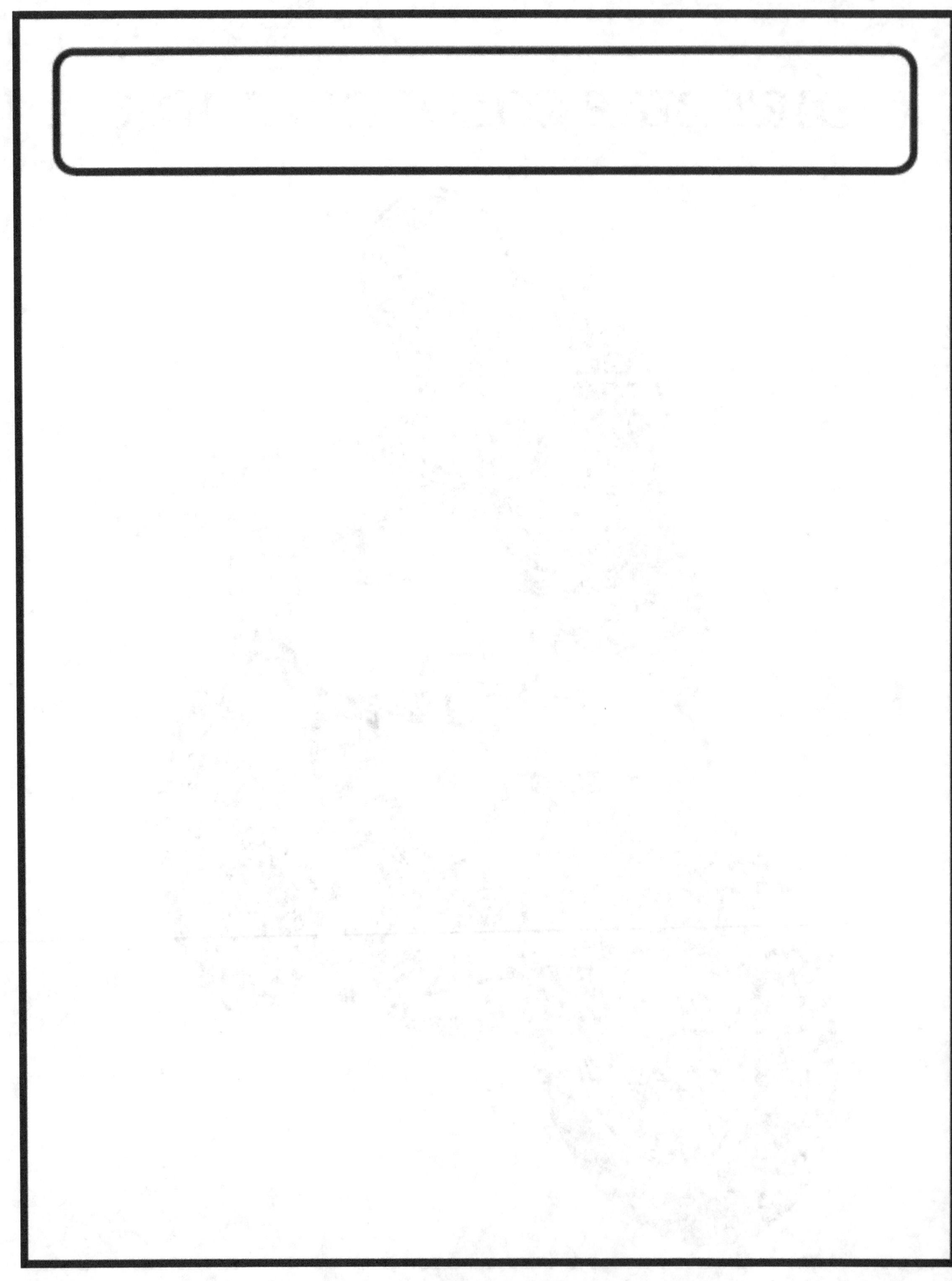

DIRT BIKE COLORING BOOK

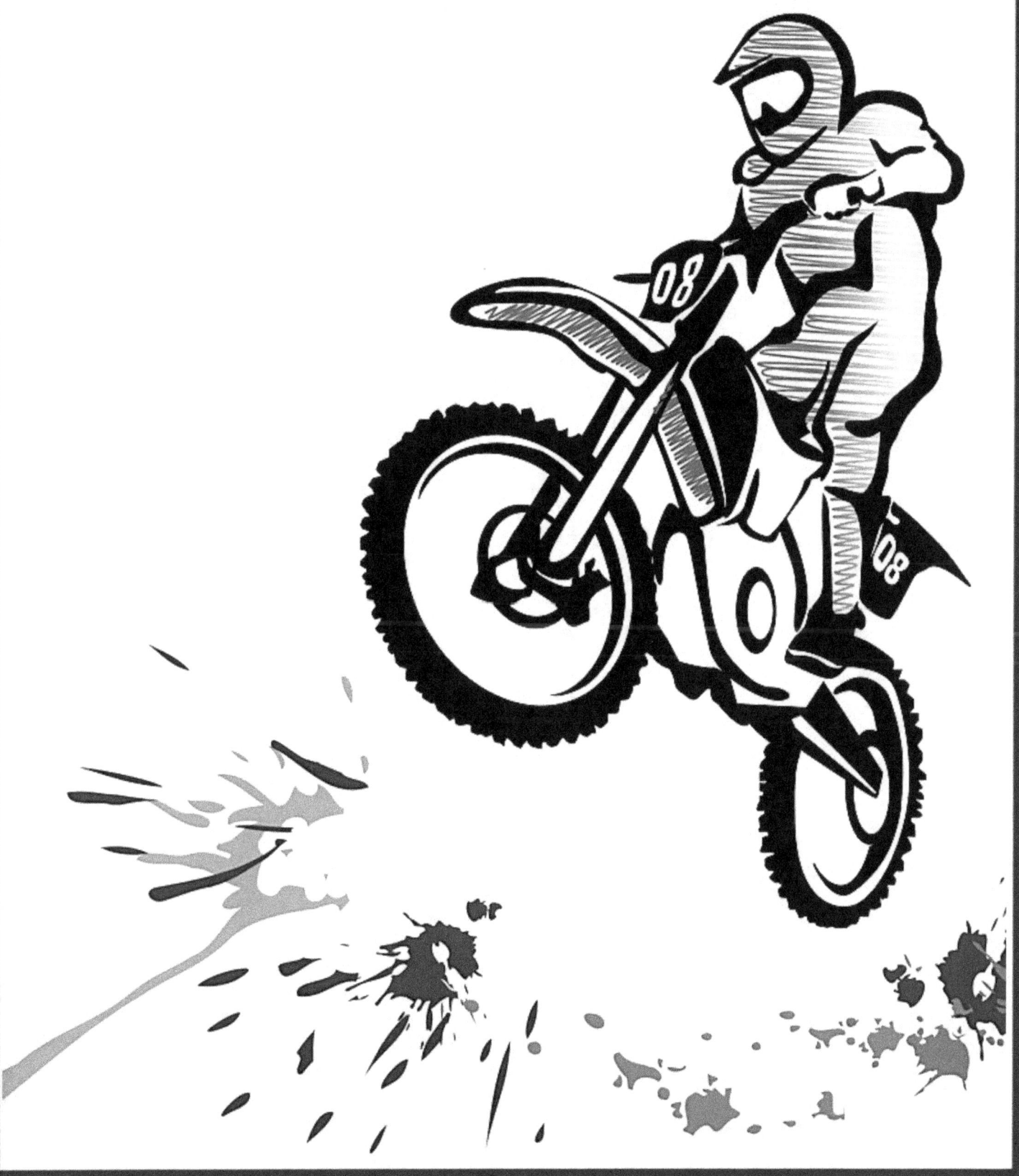

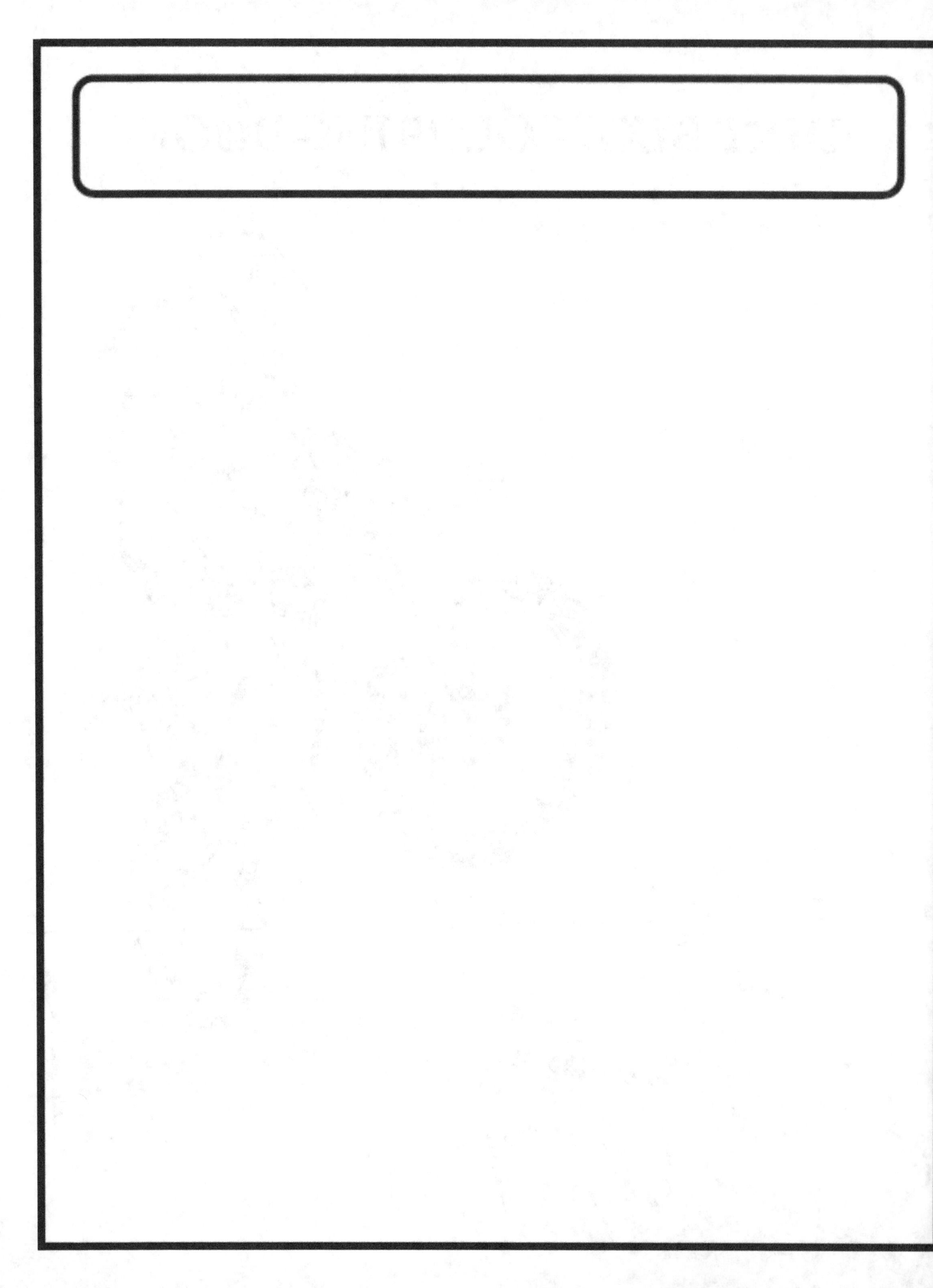

DIRT BIKE COLORING BOOK

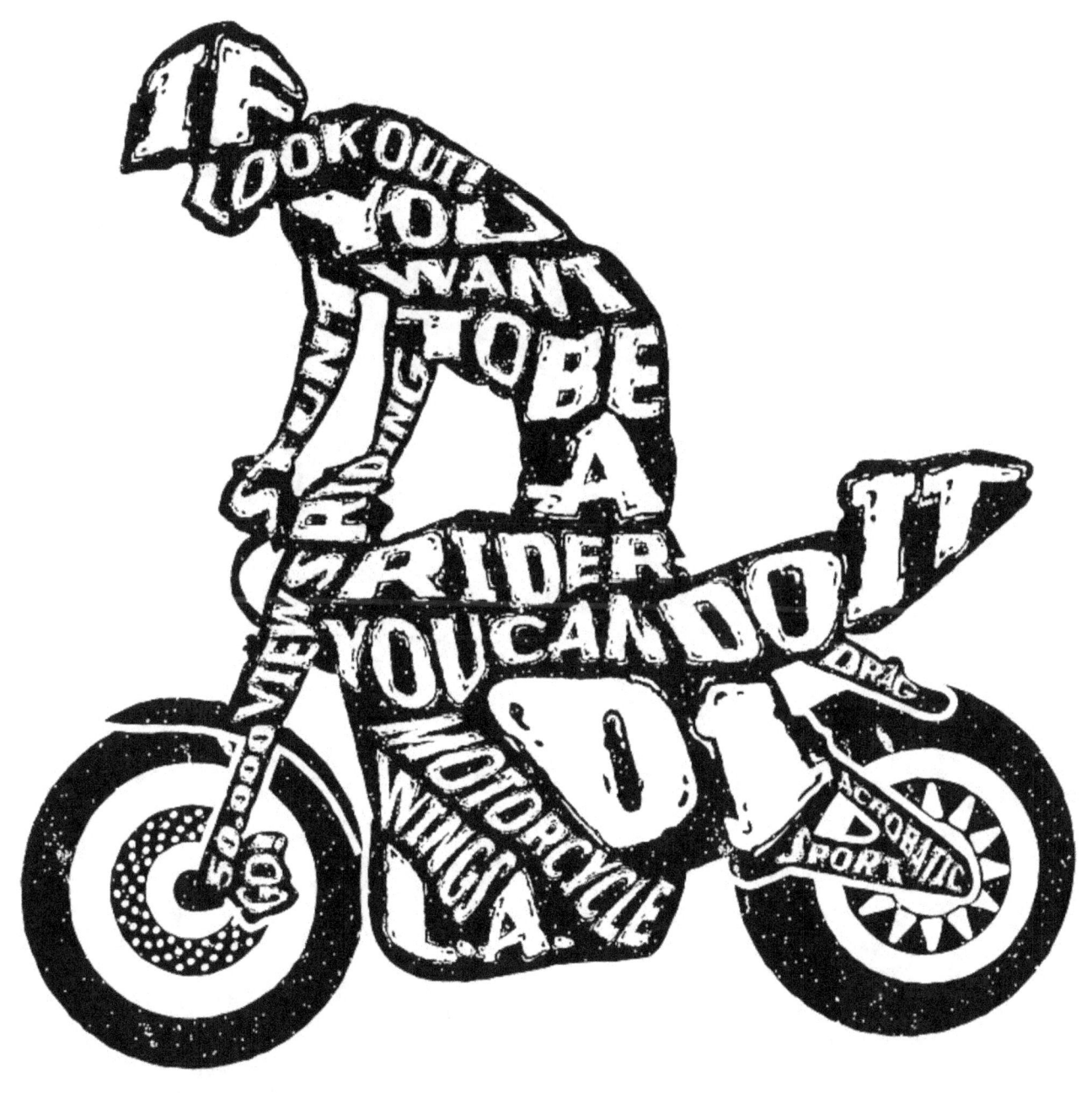

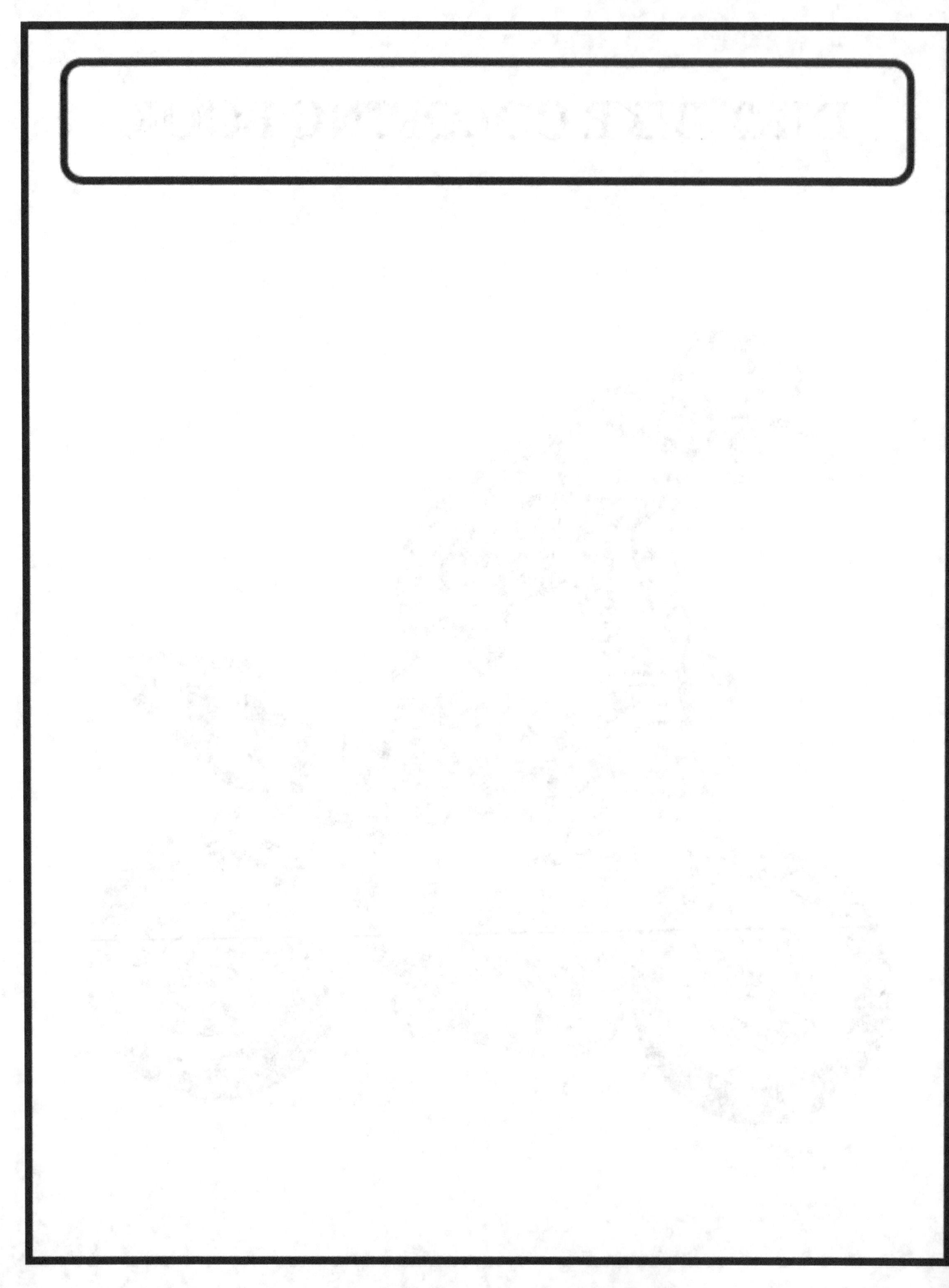

DIRT BIKE COLORING BOOK

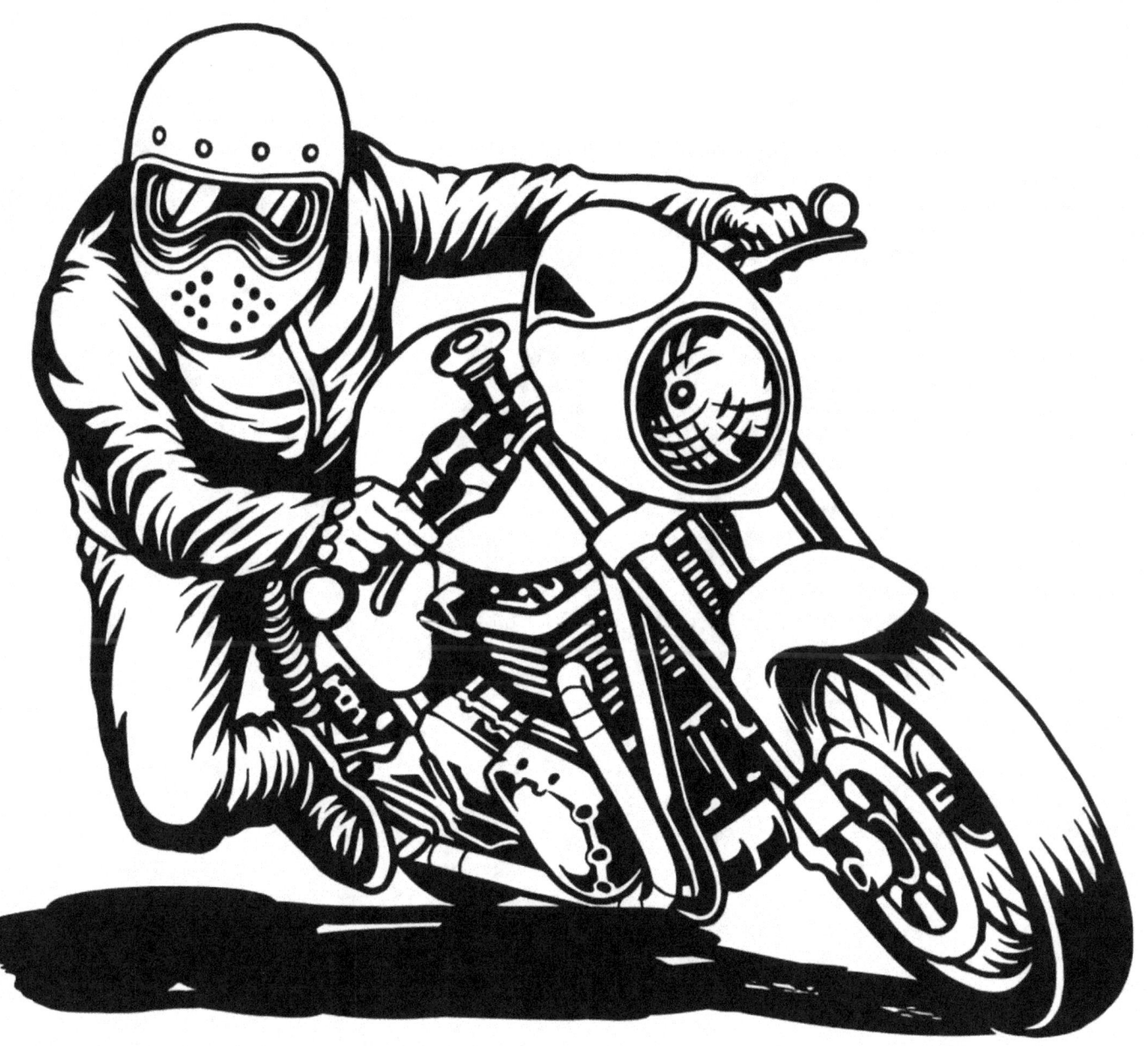

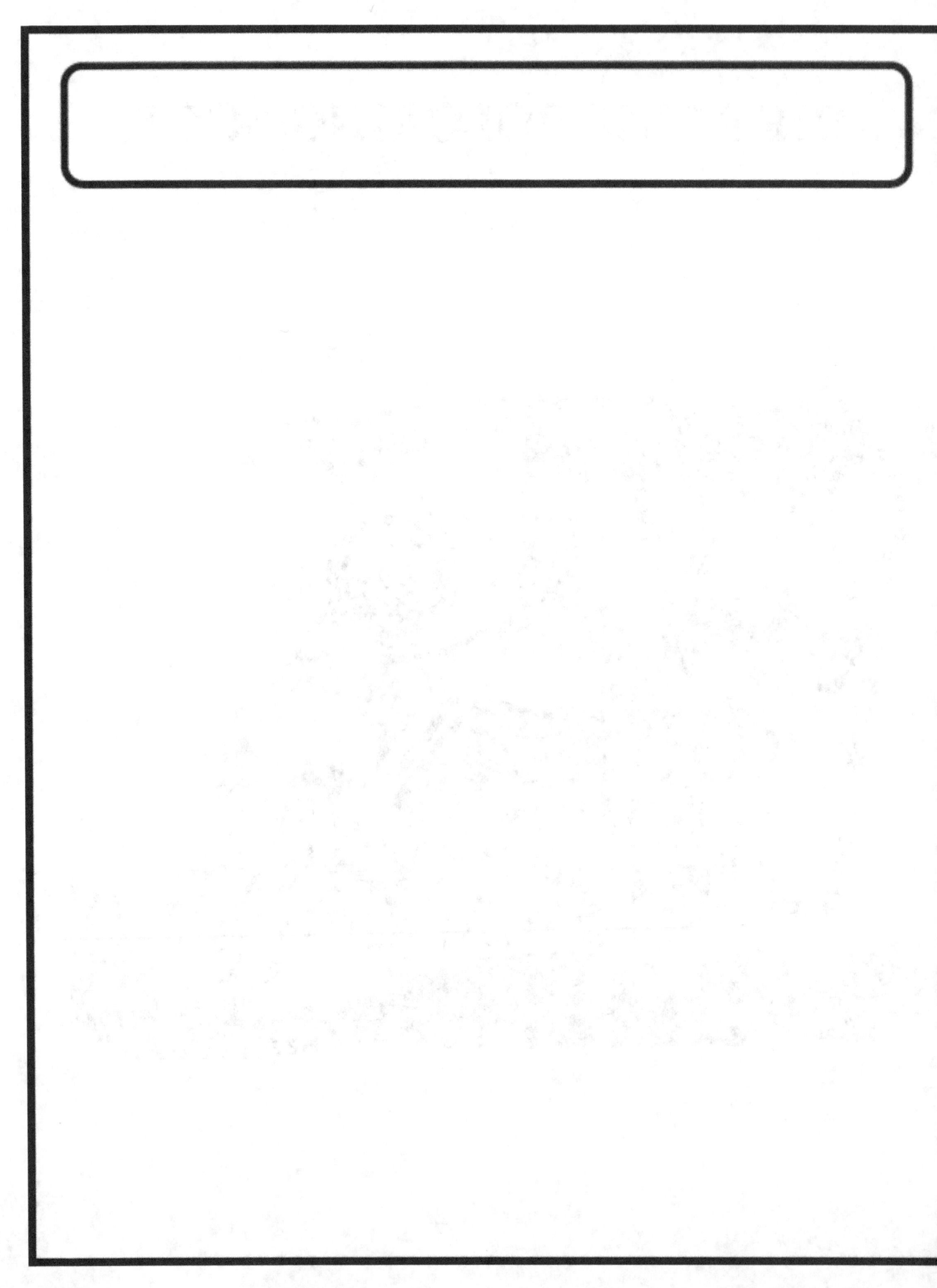

DIRT BIKE COLORING BOOK

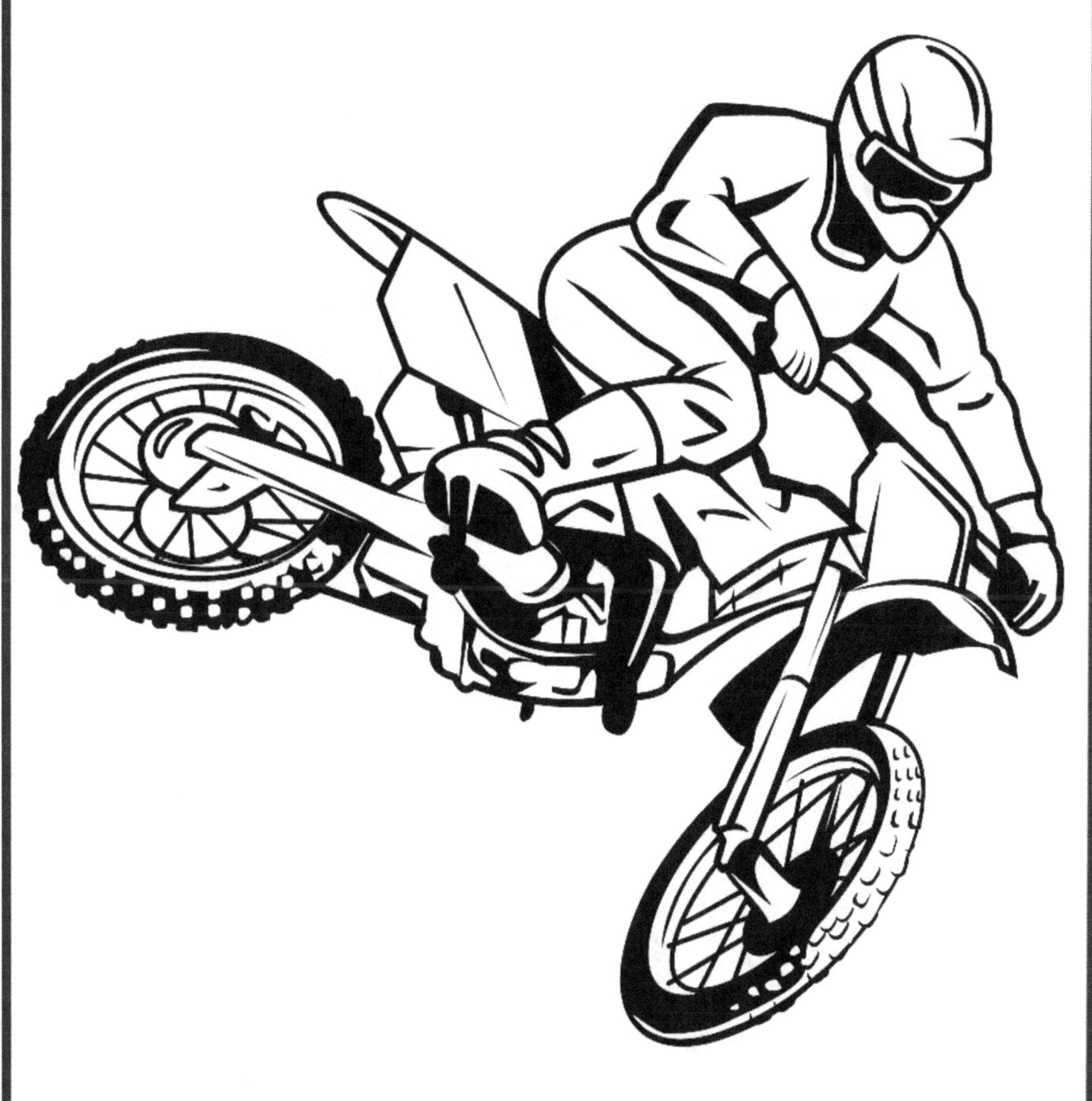

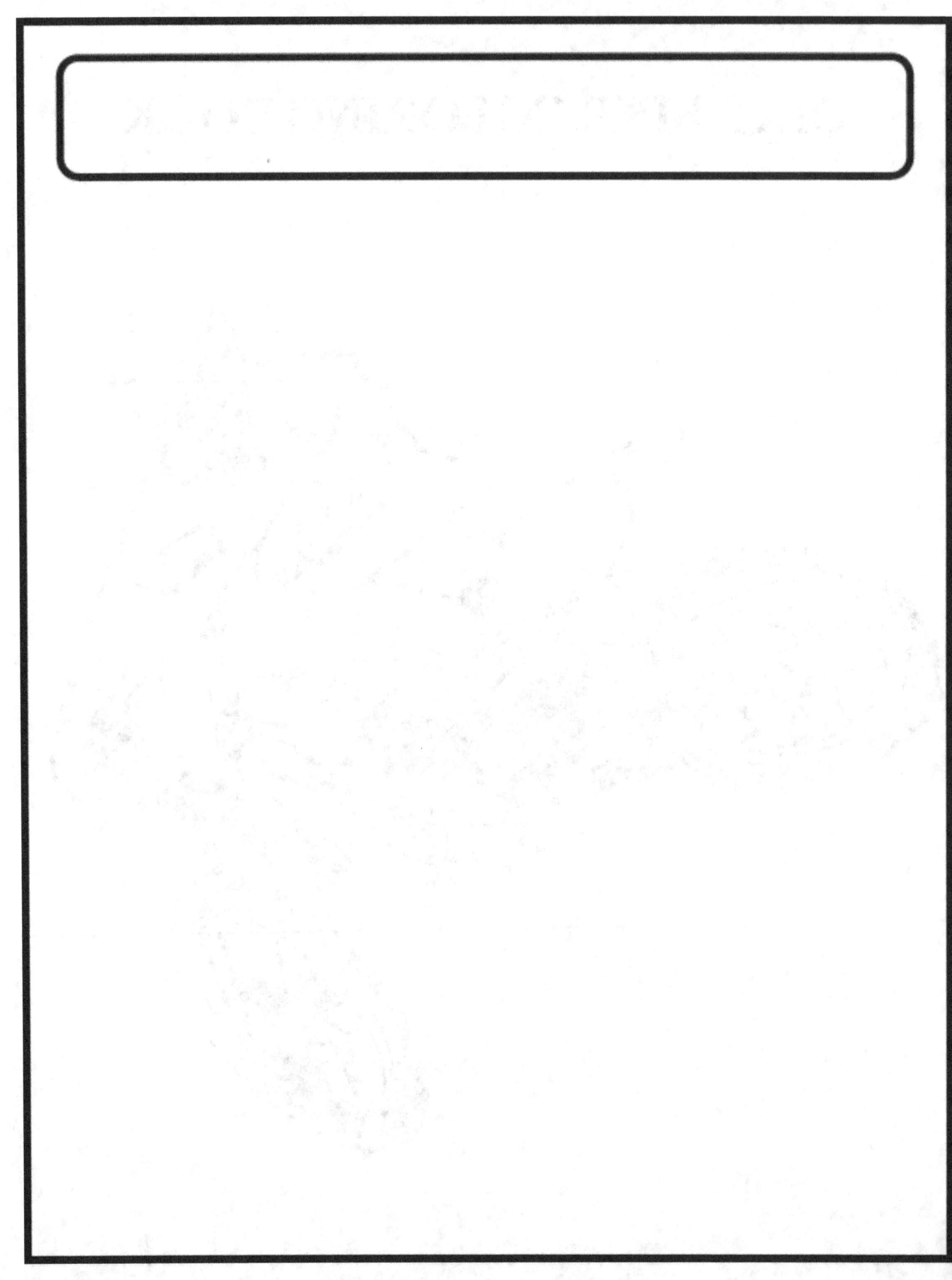

DIRT BIKE COLORING BOOK

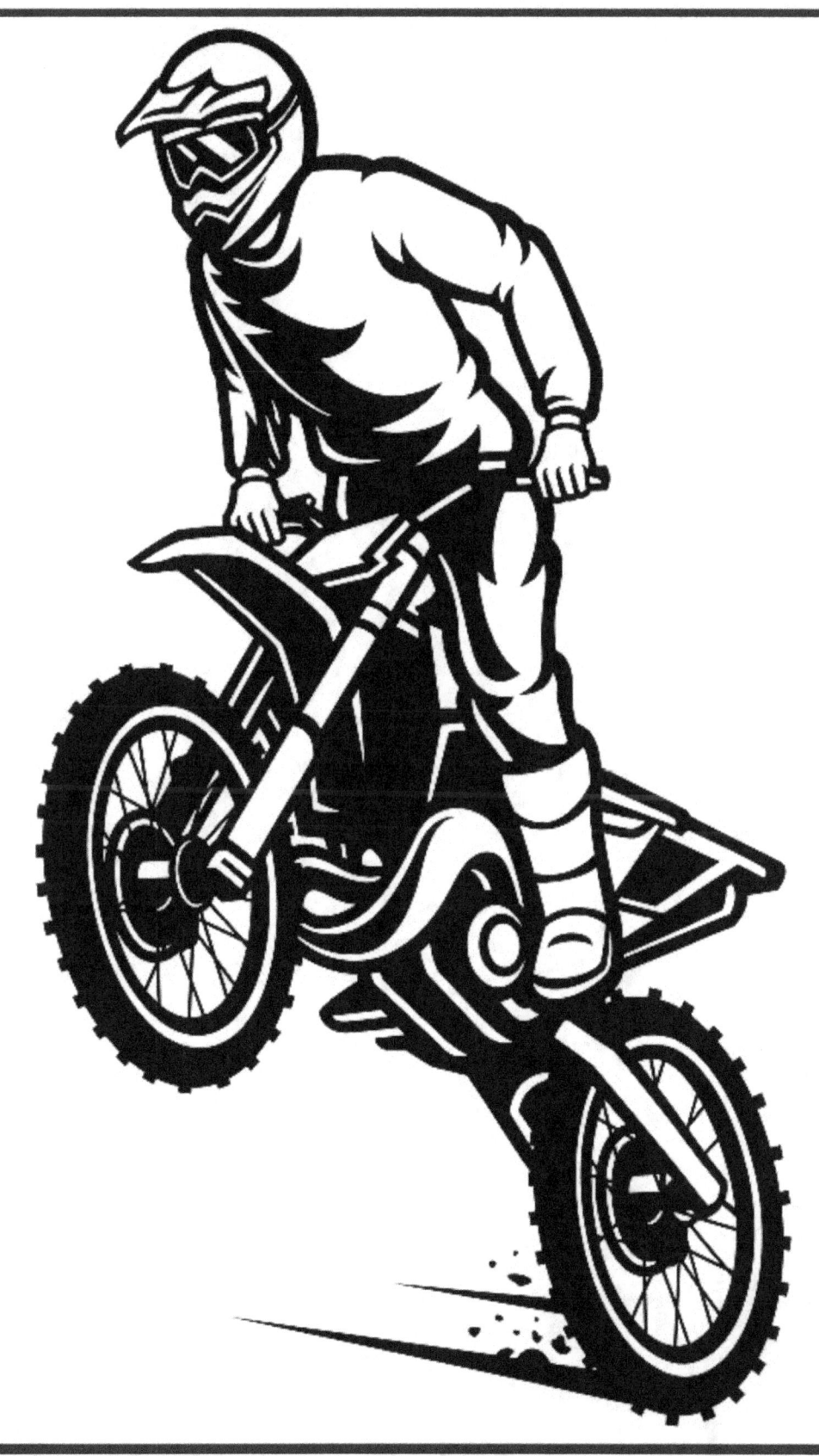

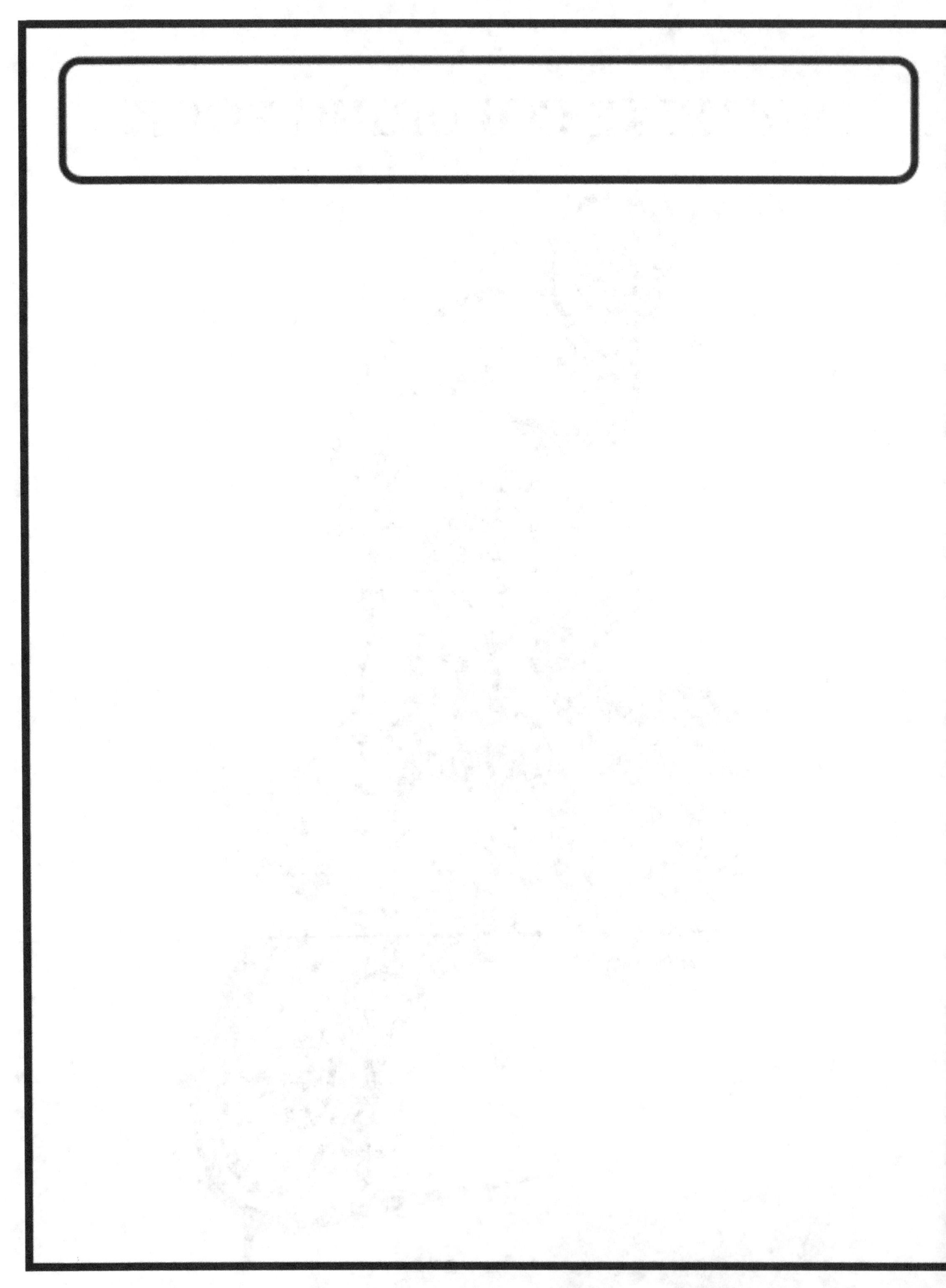

DIRT BIKE COLORING BOOK

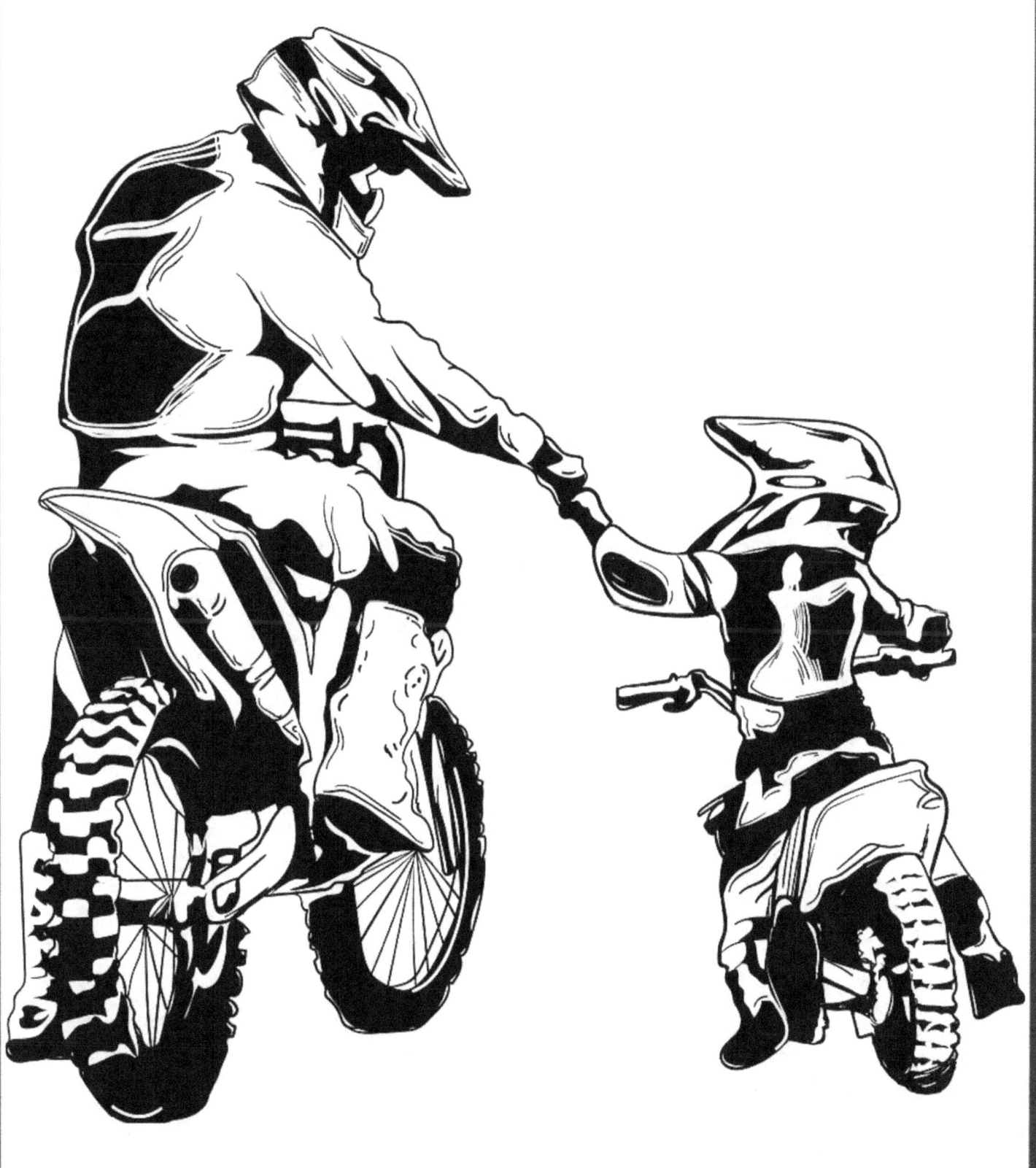

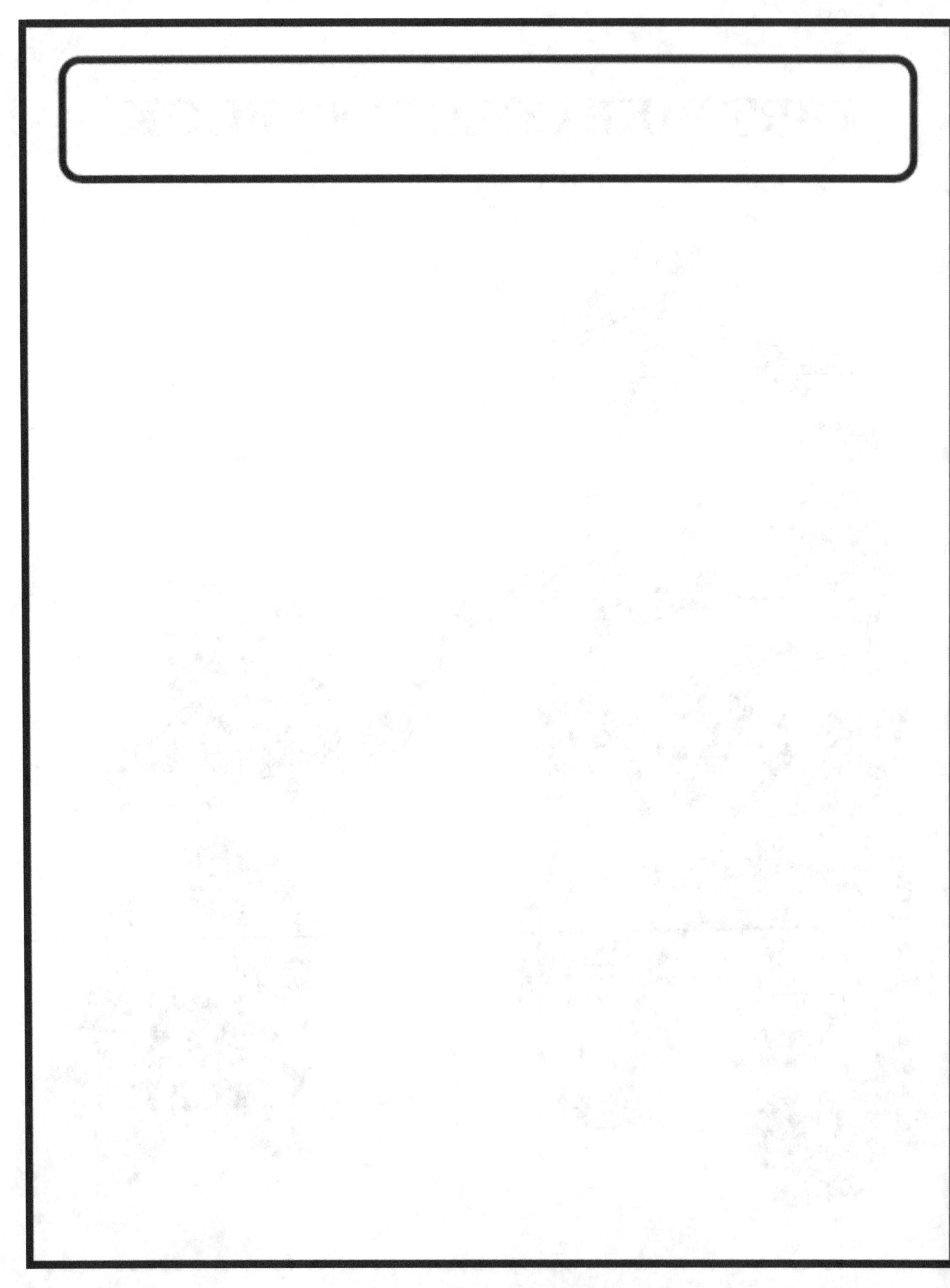

DIRT BIKE COLORING BOOK

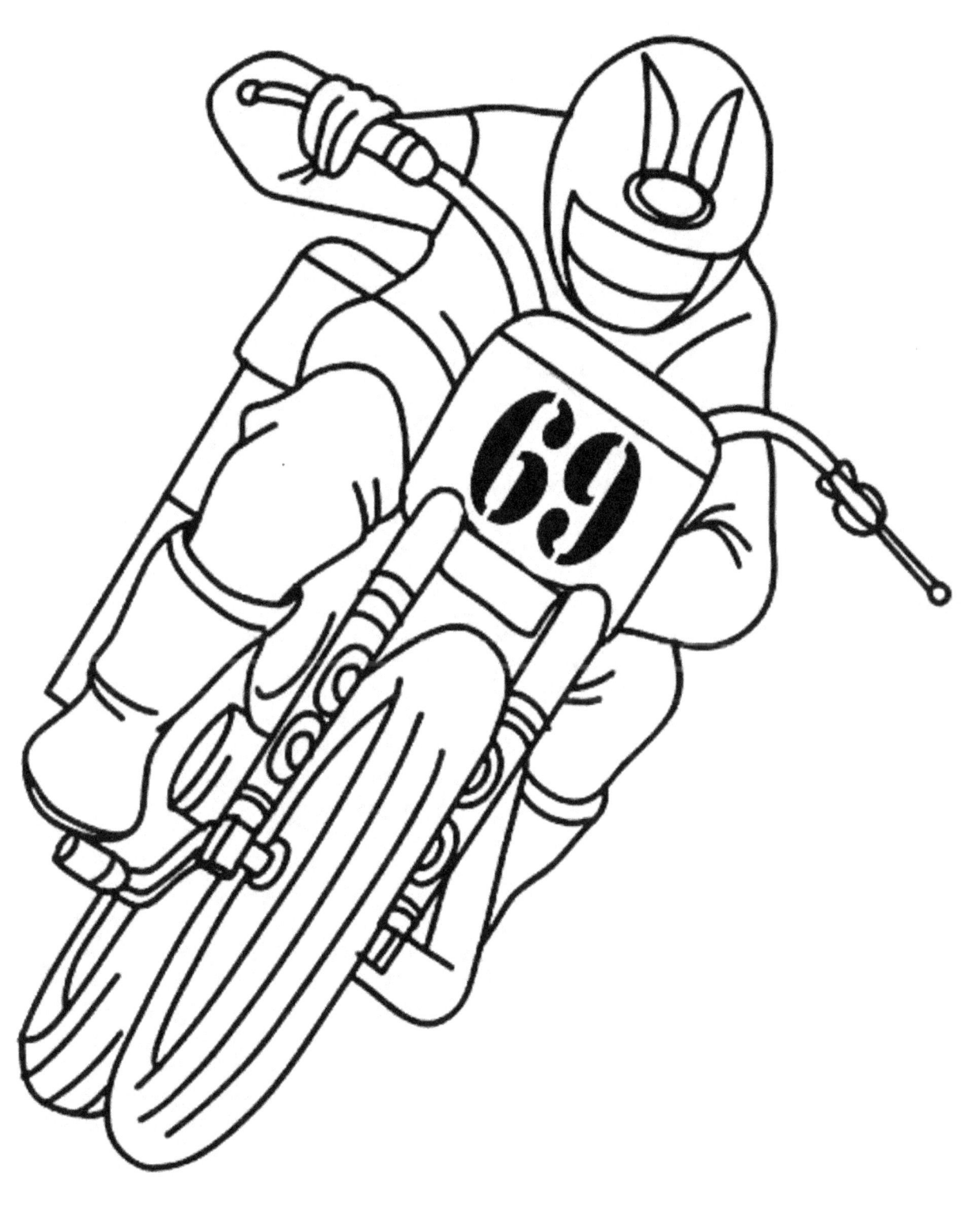

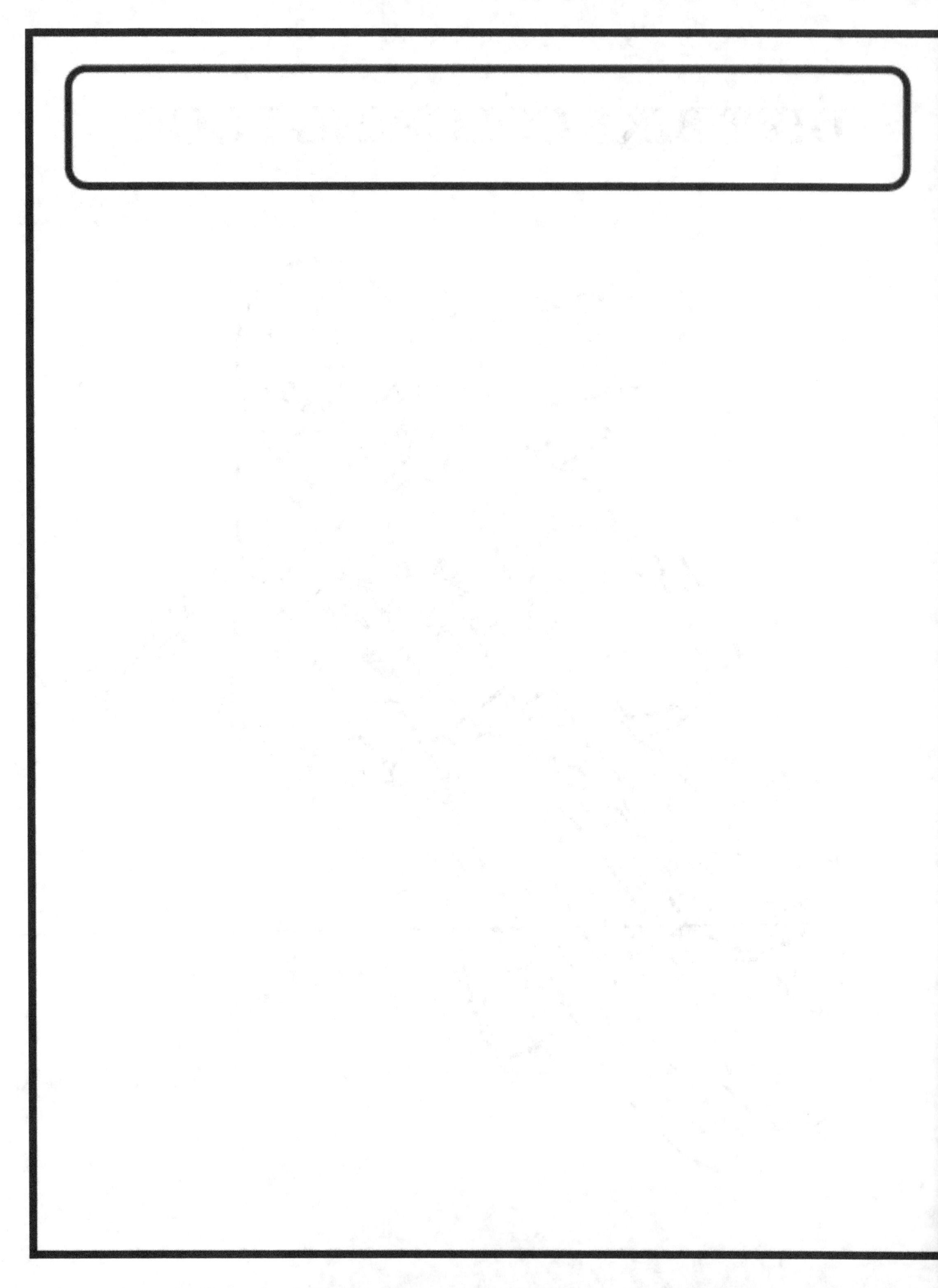

DIRT BIKE COLORING BOOK

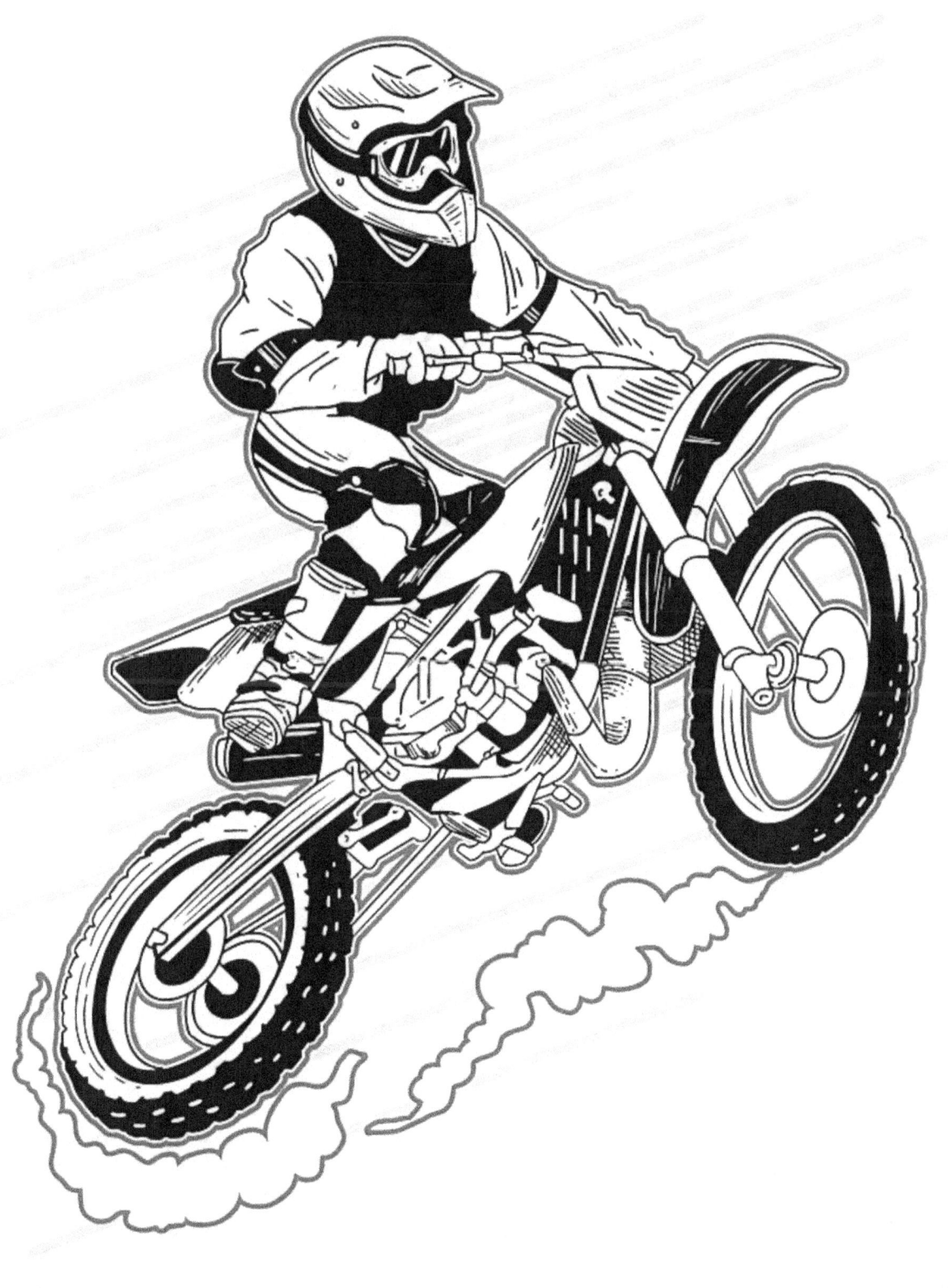

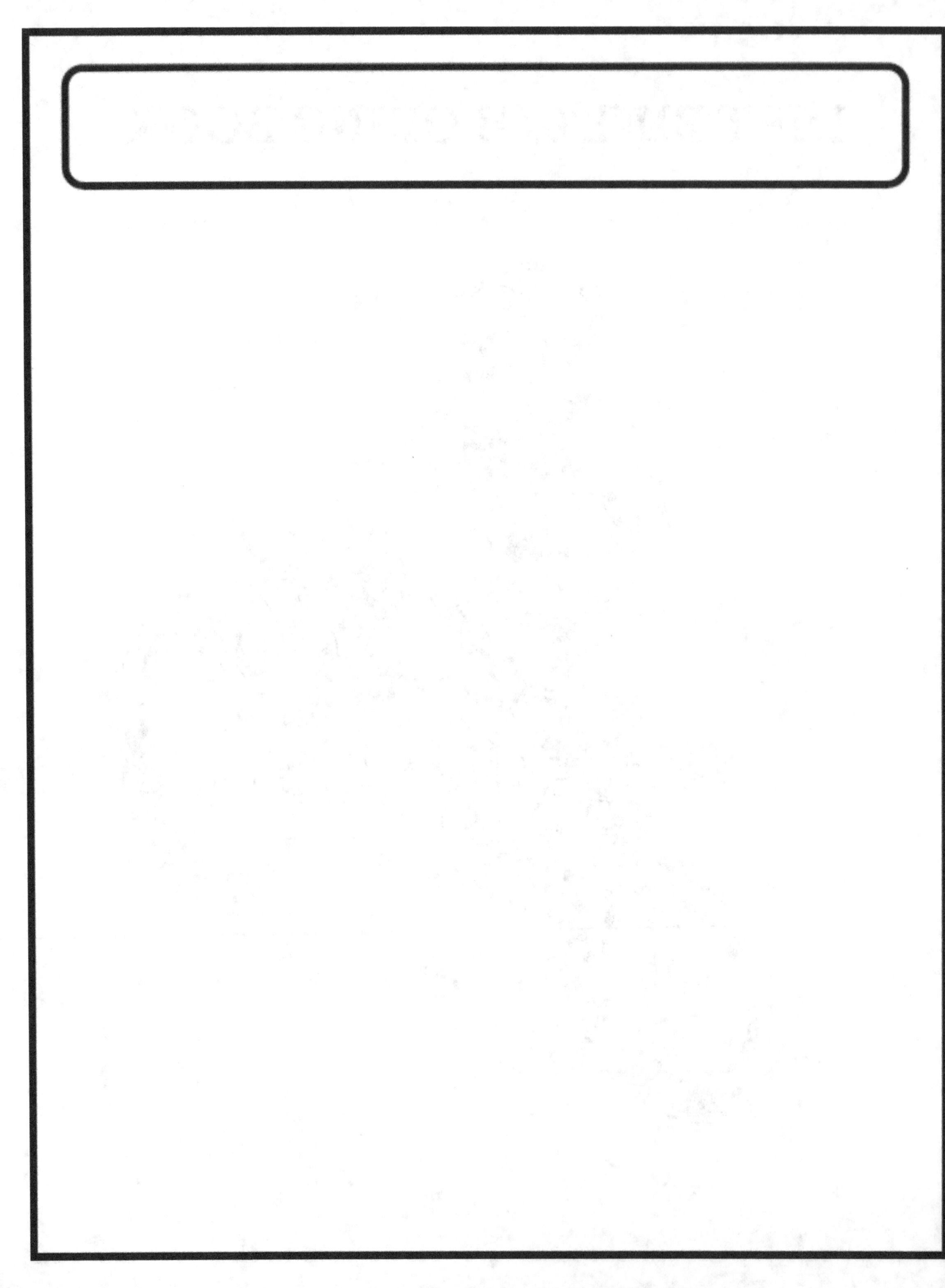

DIRT BIKE COLORING BOOK

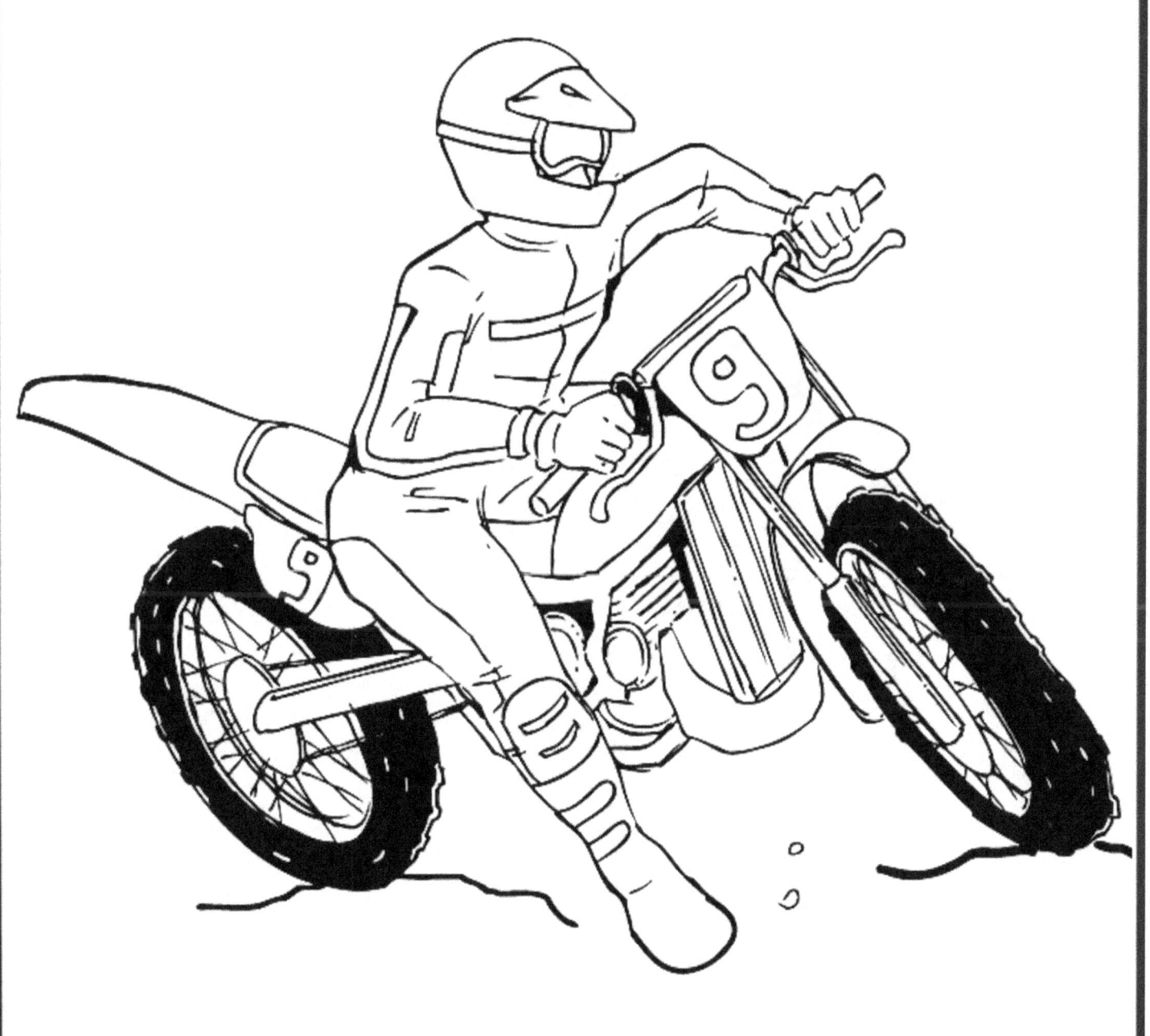

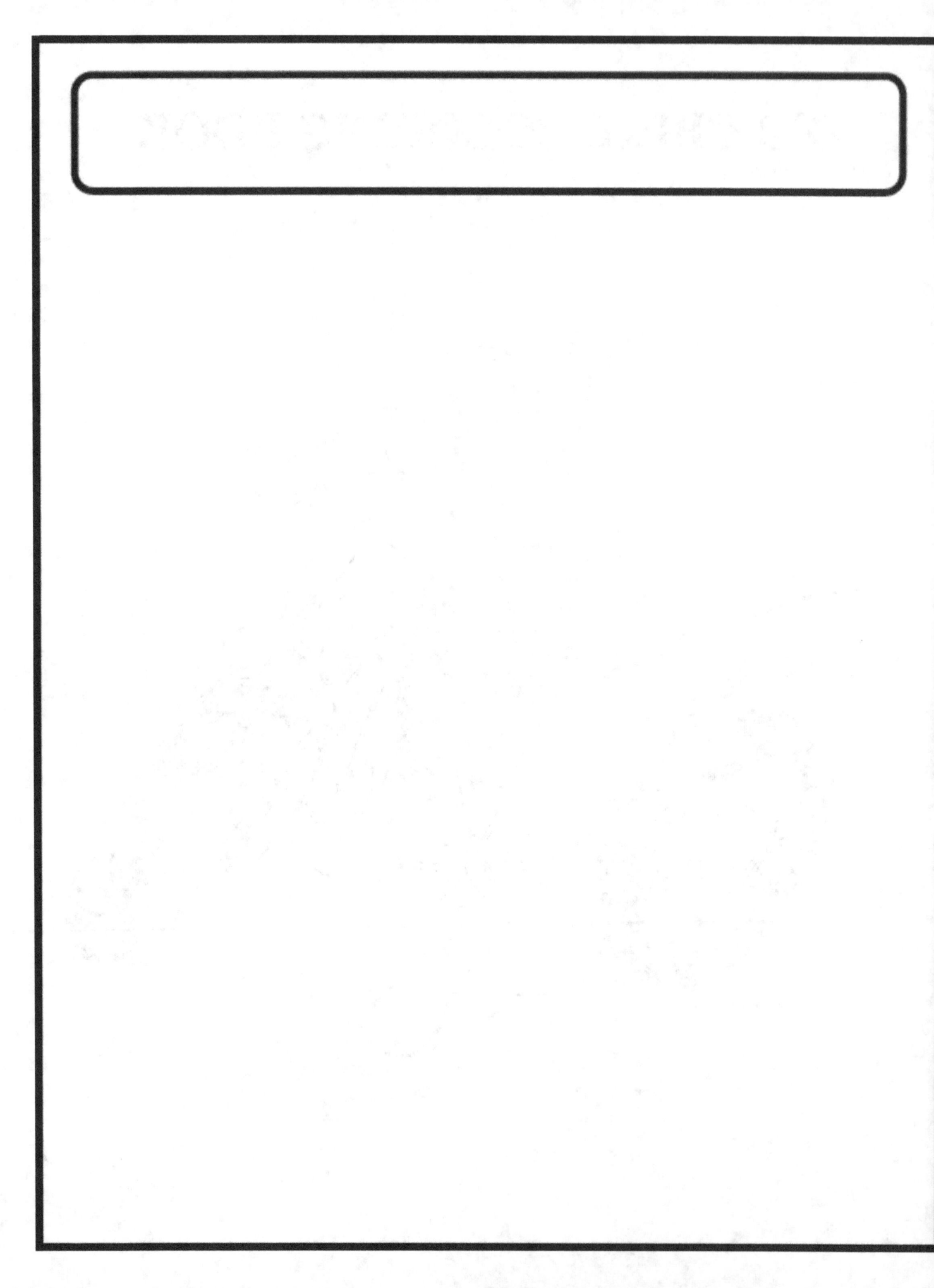

DIRT BIKE COLORING BOOK

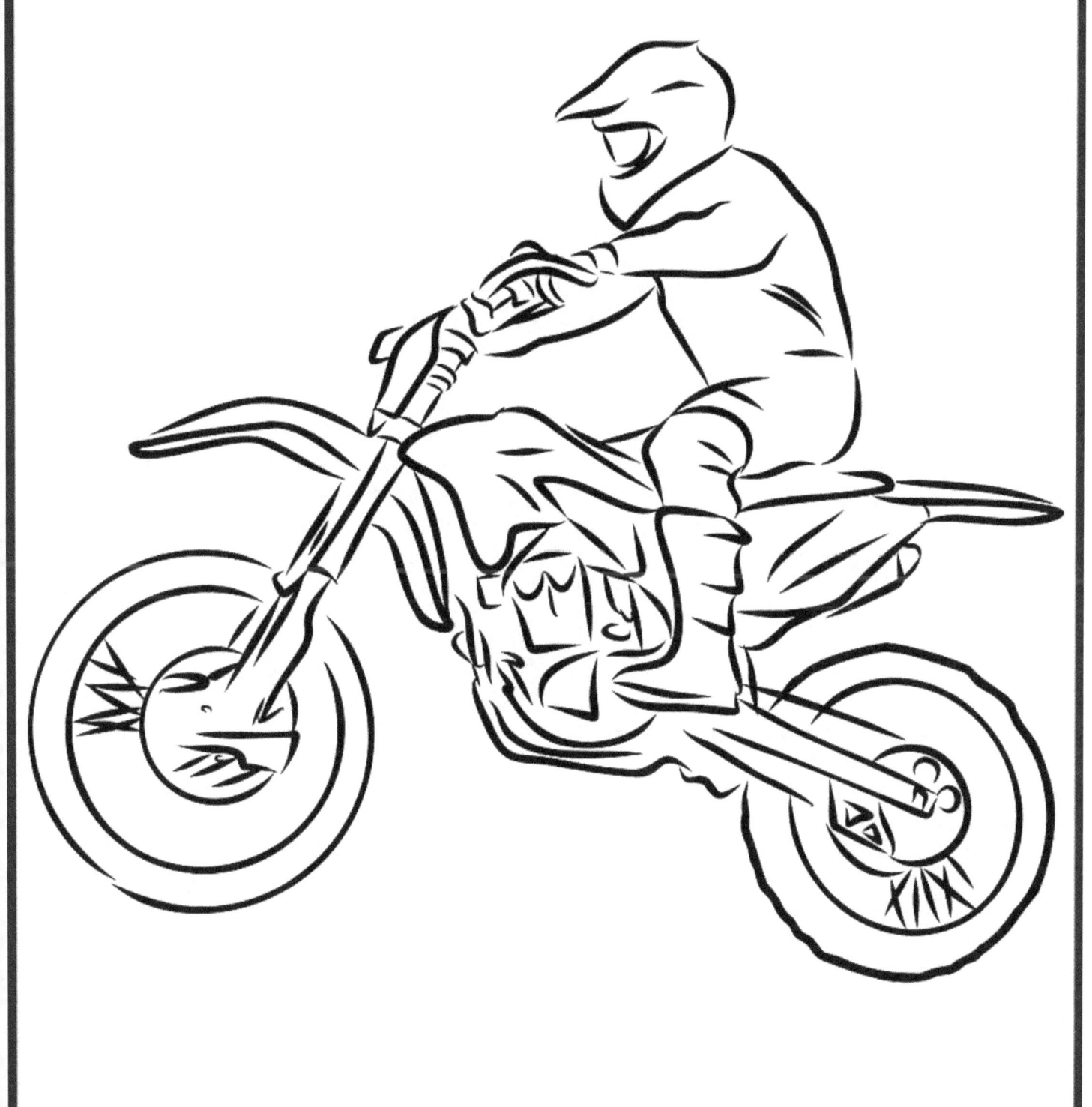

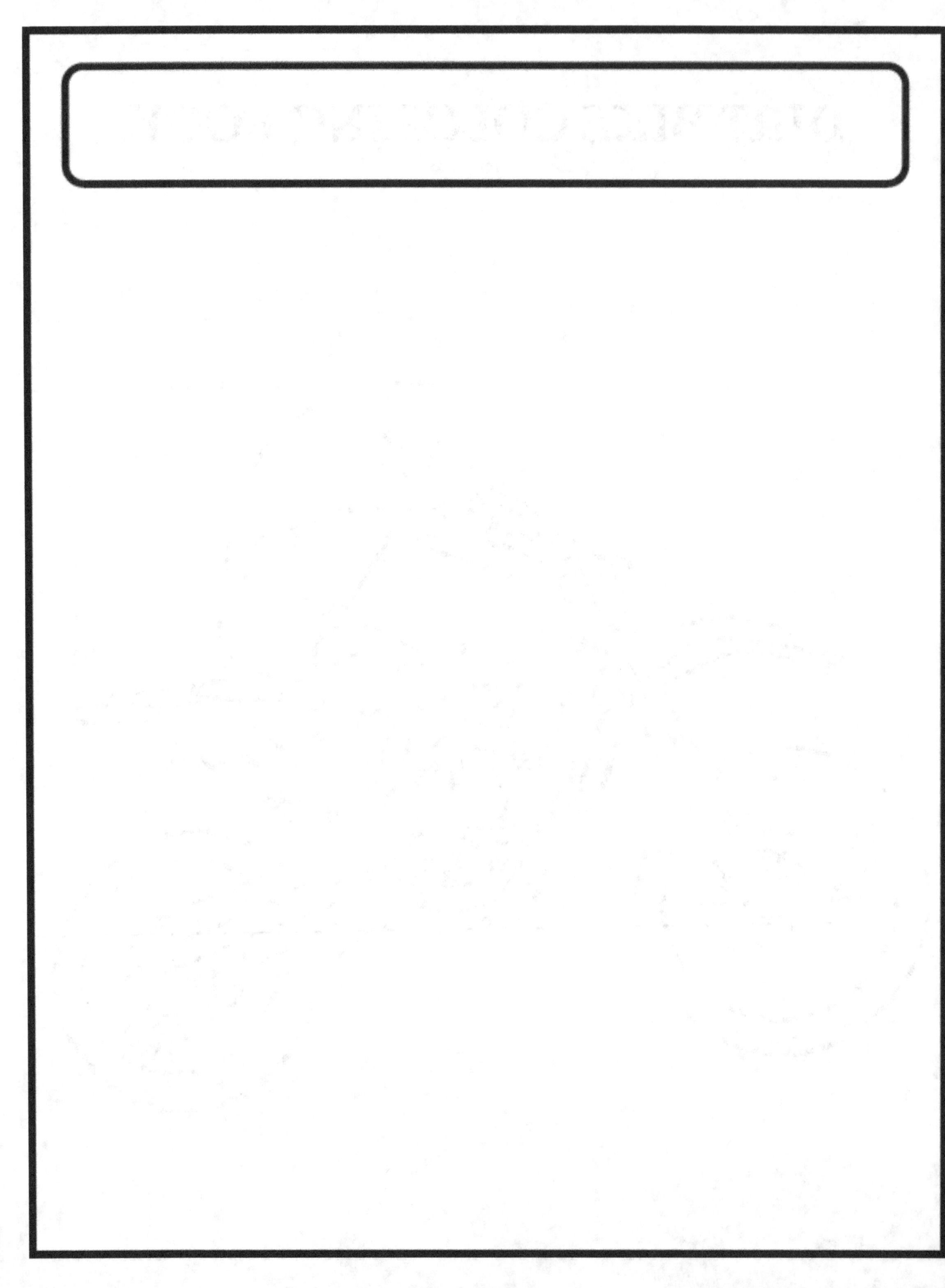

DIRT BIKE COLORING BOOK

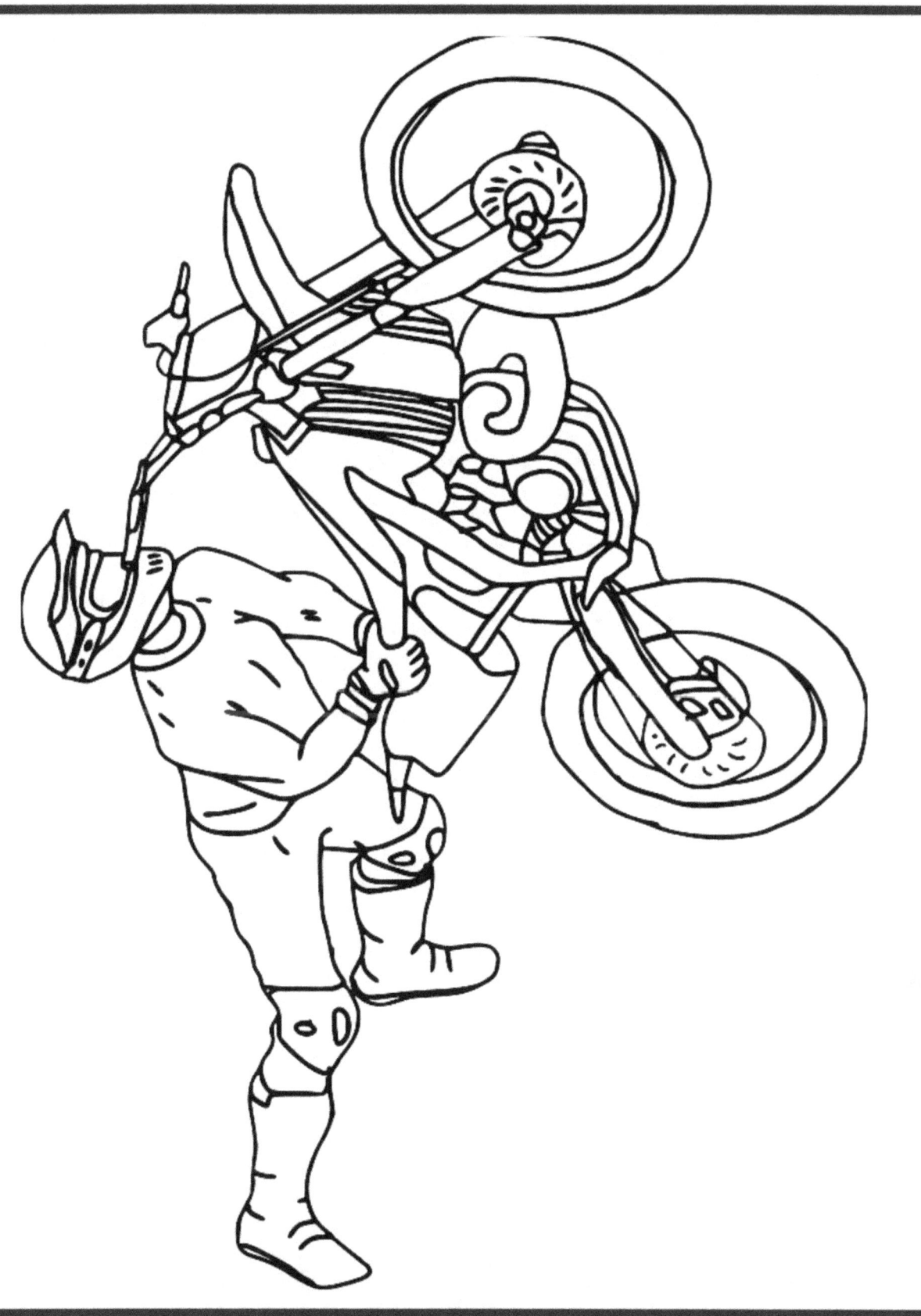

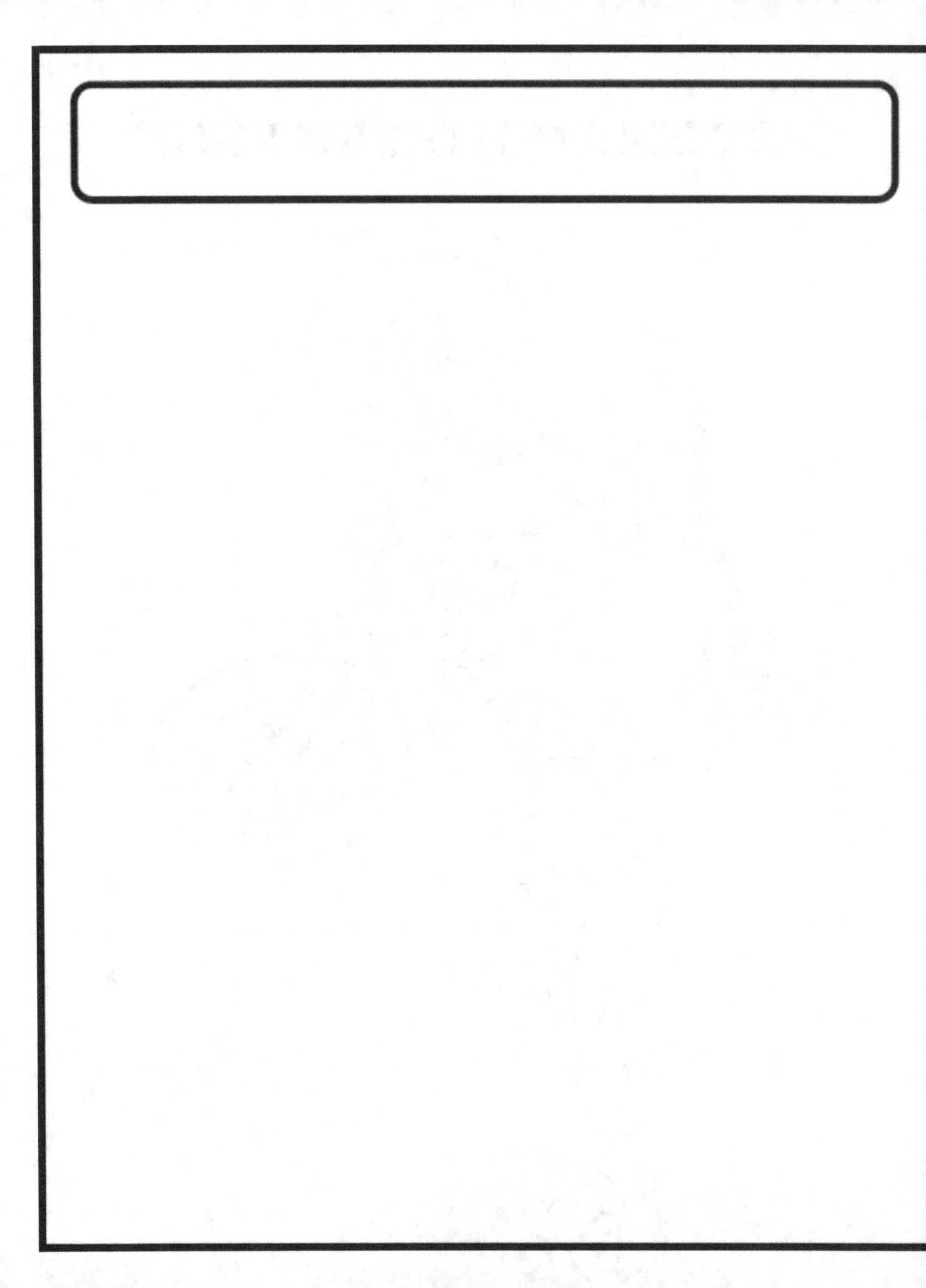

DIRT BIKE COLORING BOOK

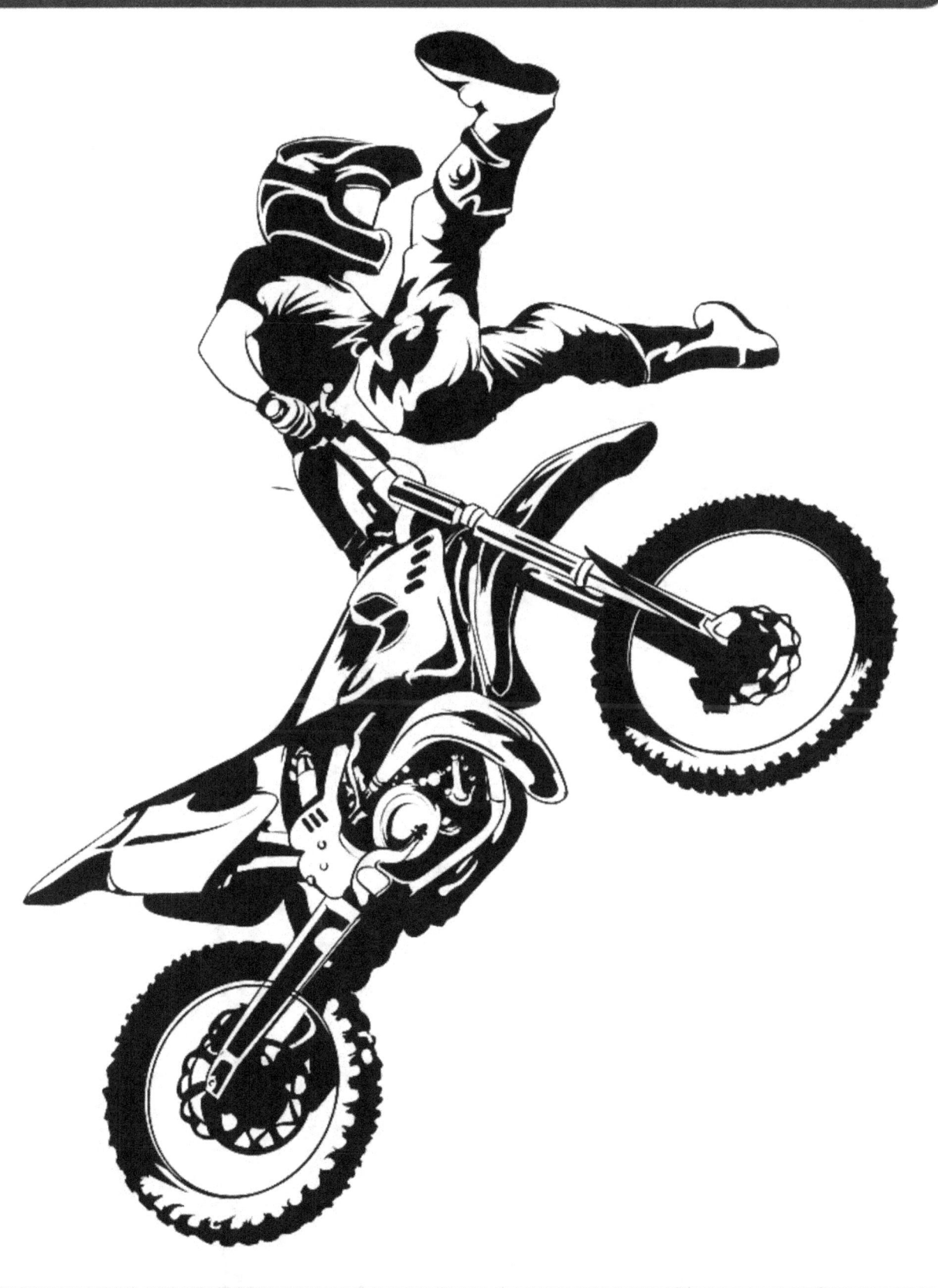

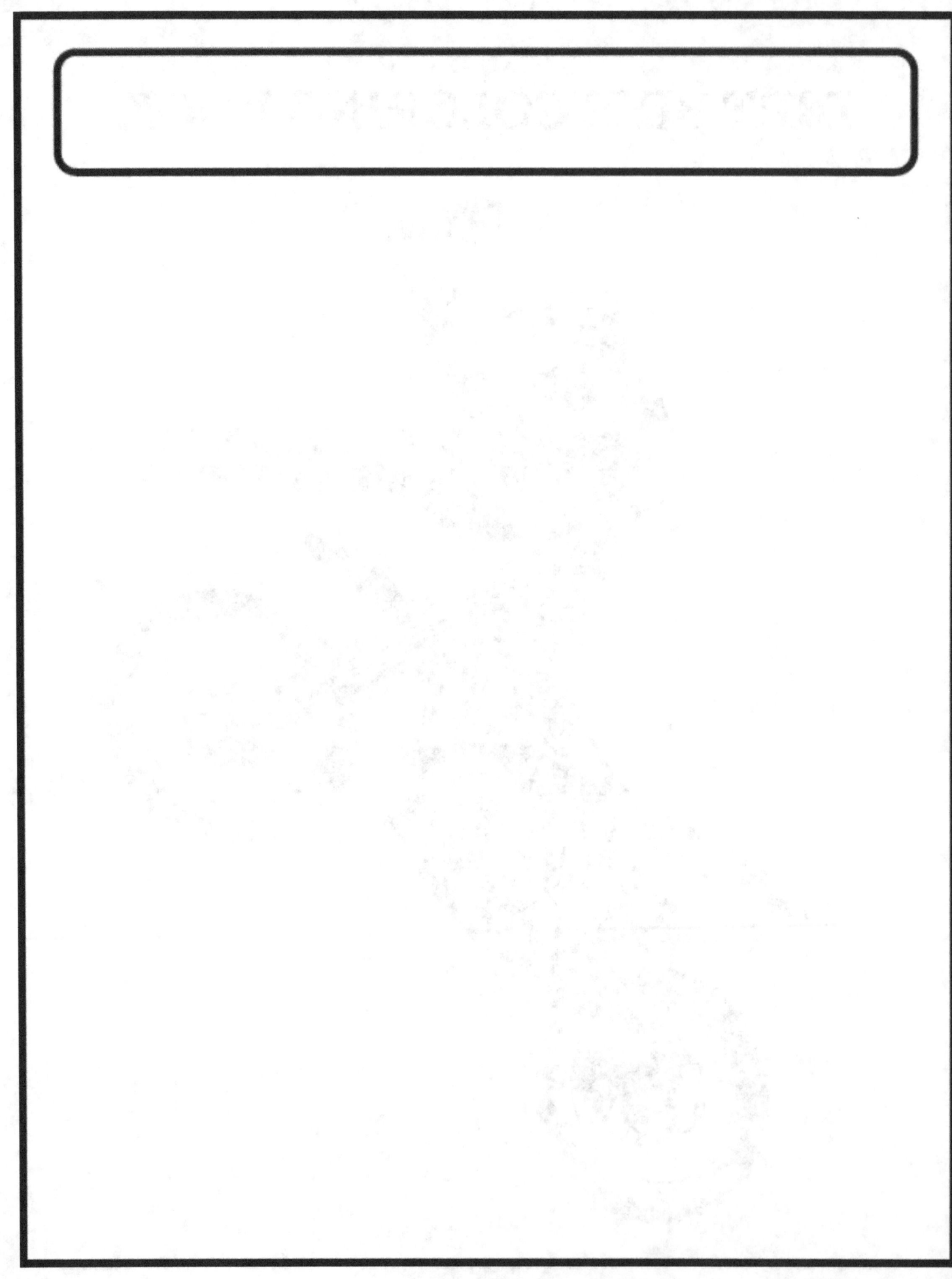

DIRT BIKE COLORING BOOK

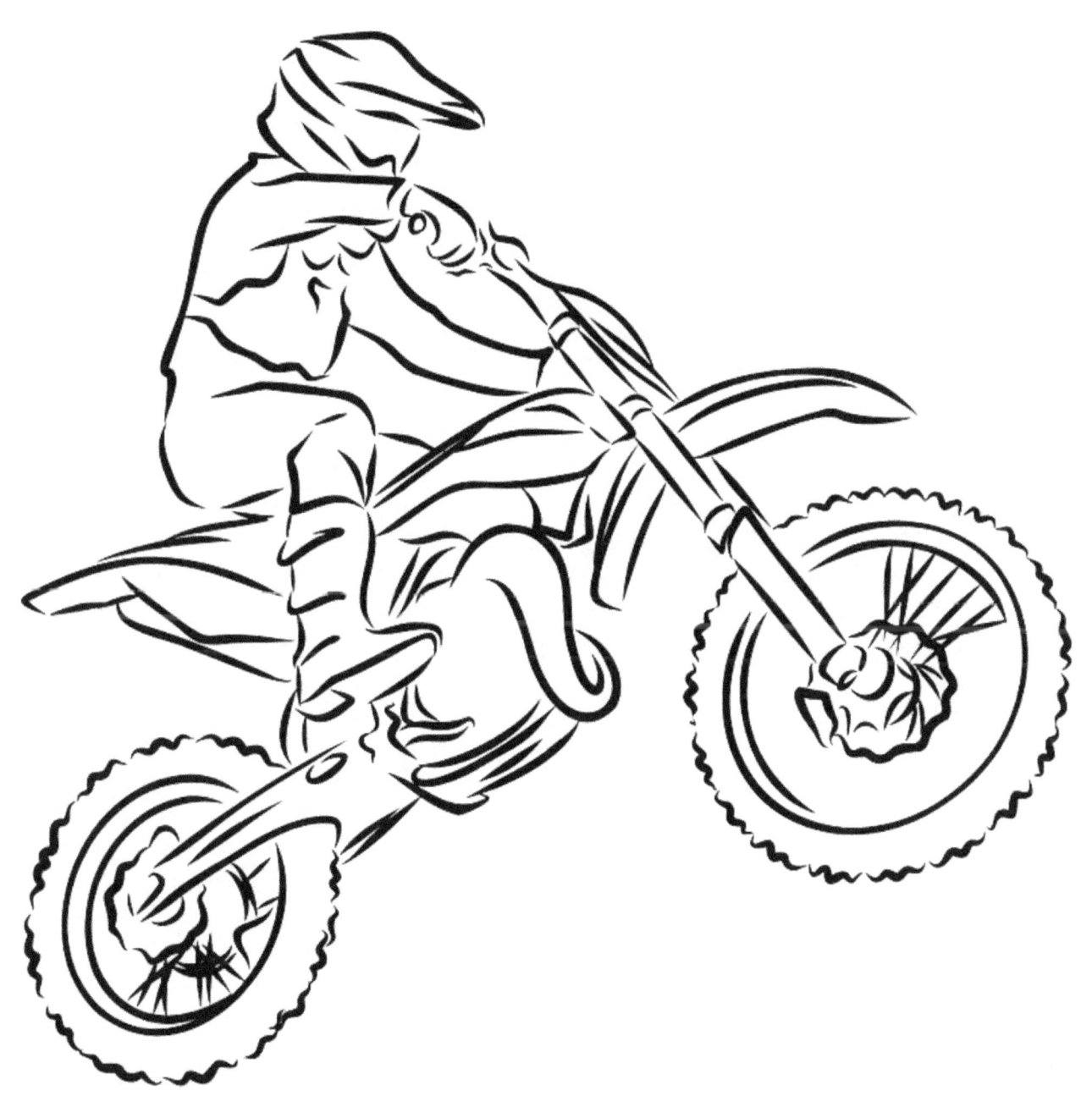

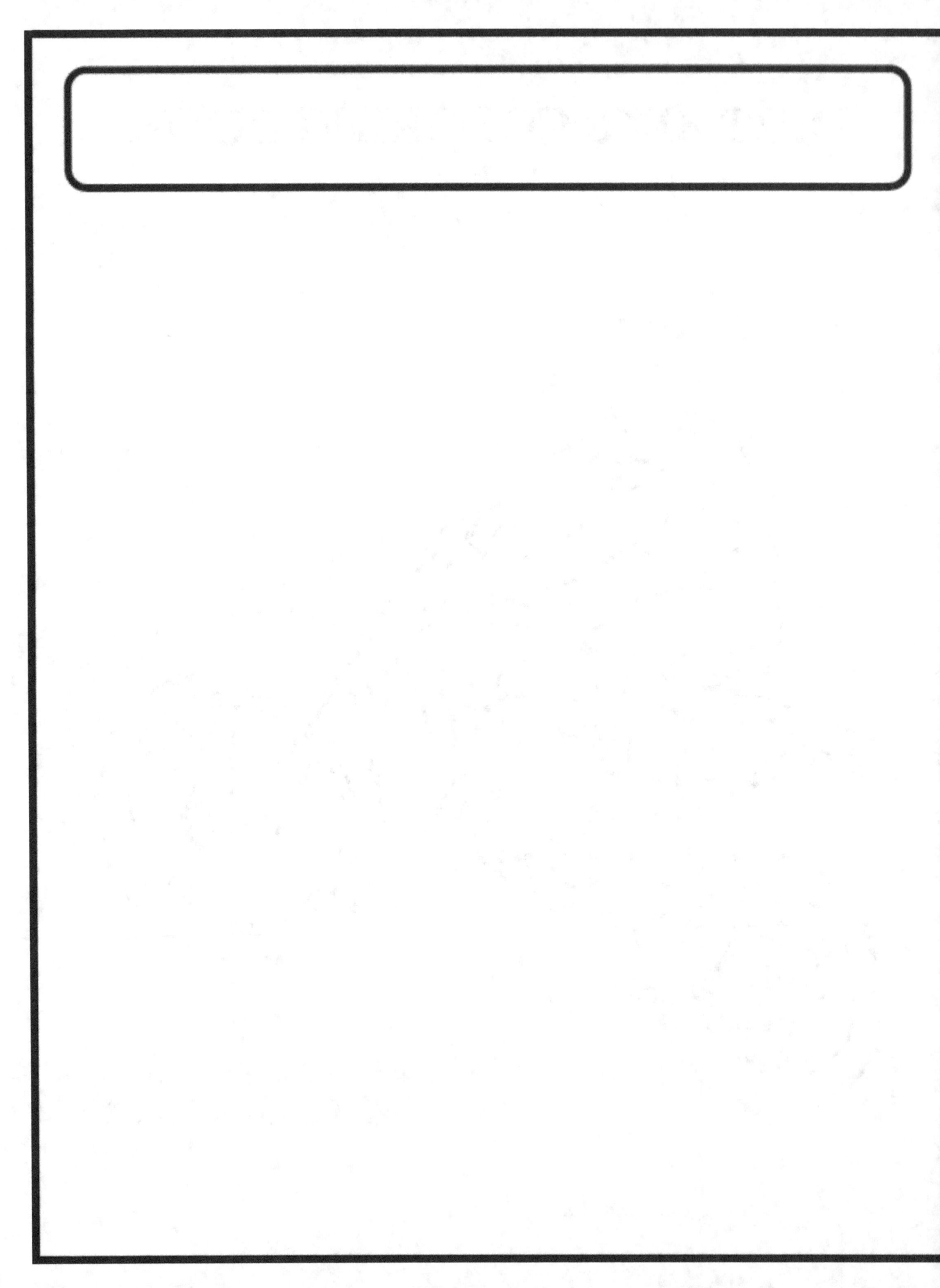

DIRT BIKE COLORING BOOK

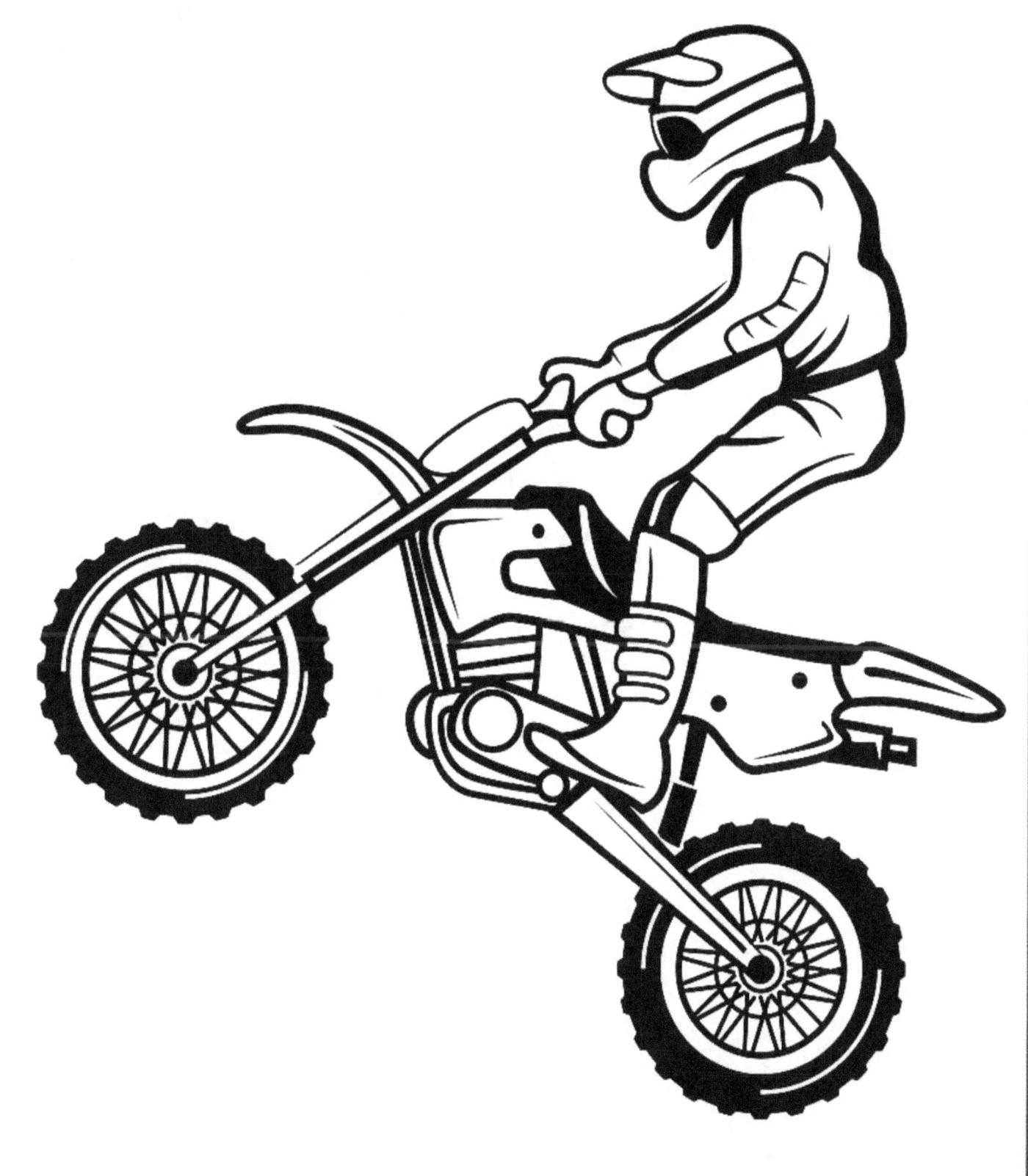

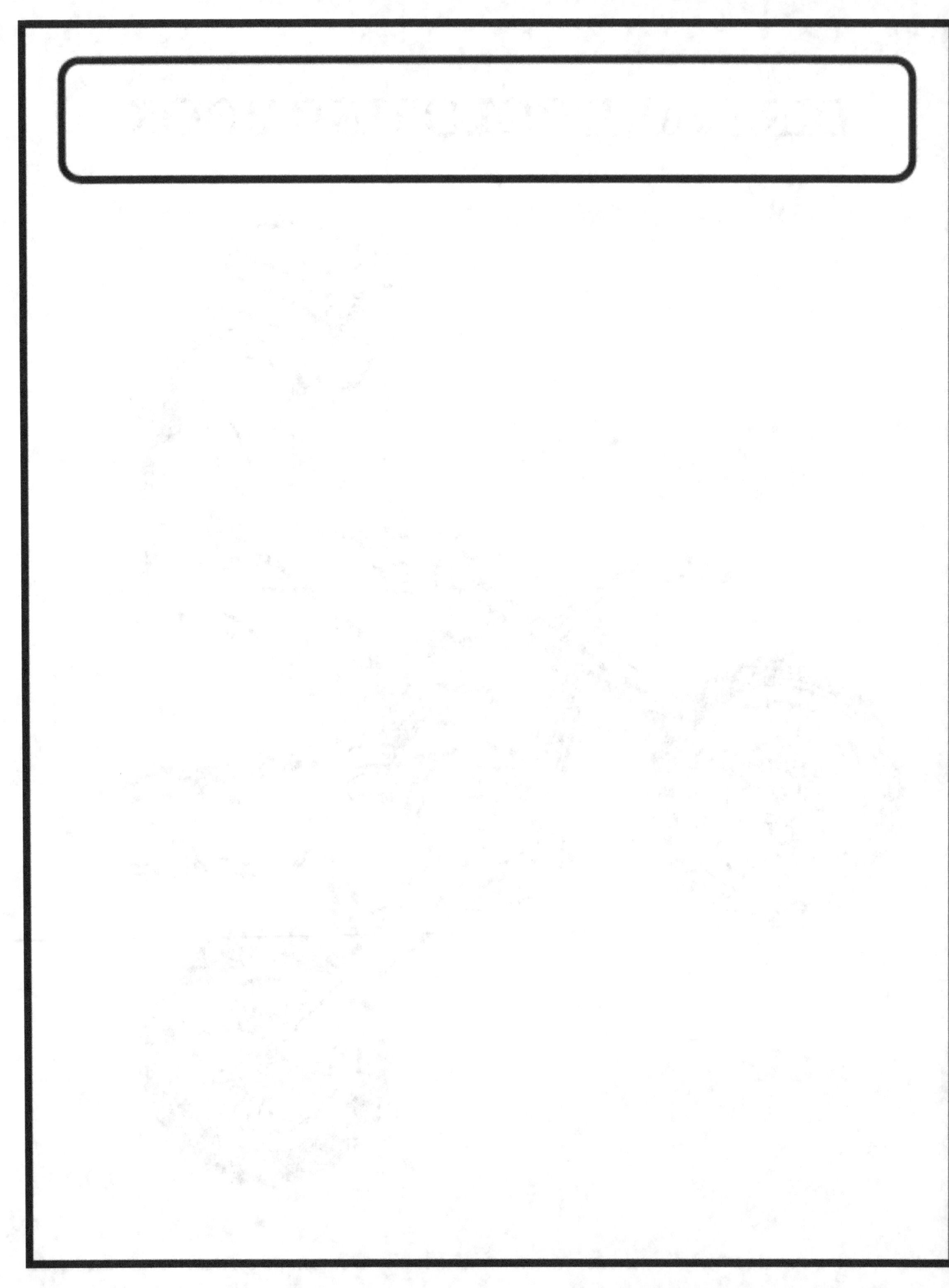

DIRT BIKE COLORING BOOK

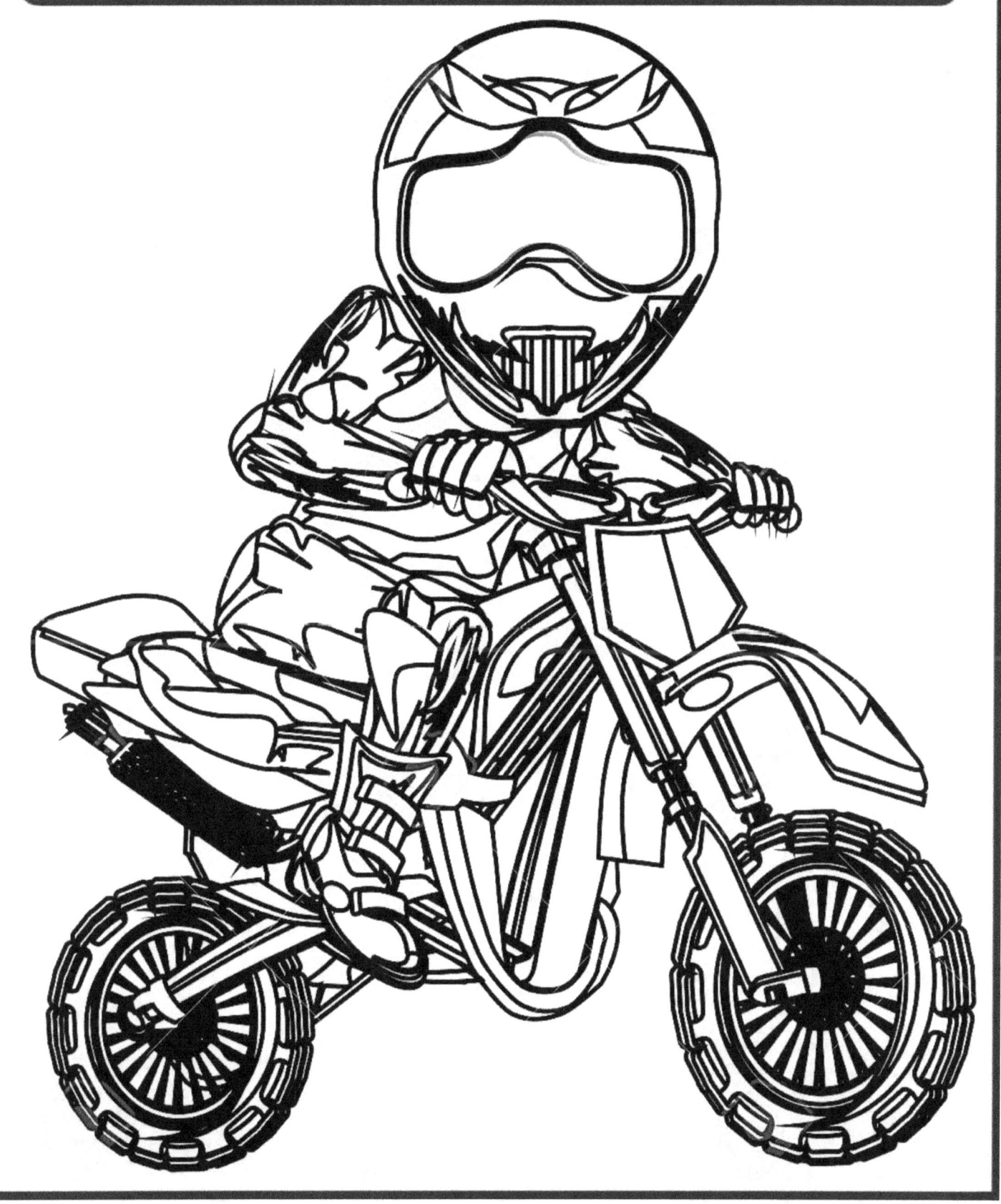

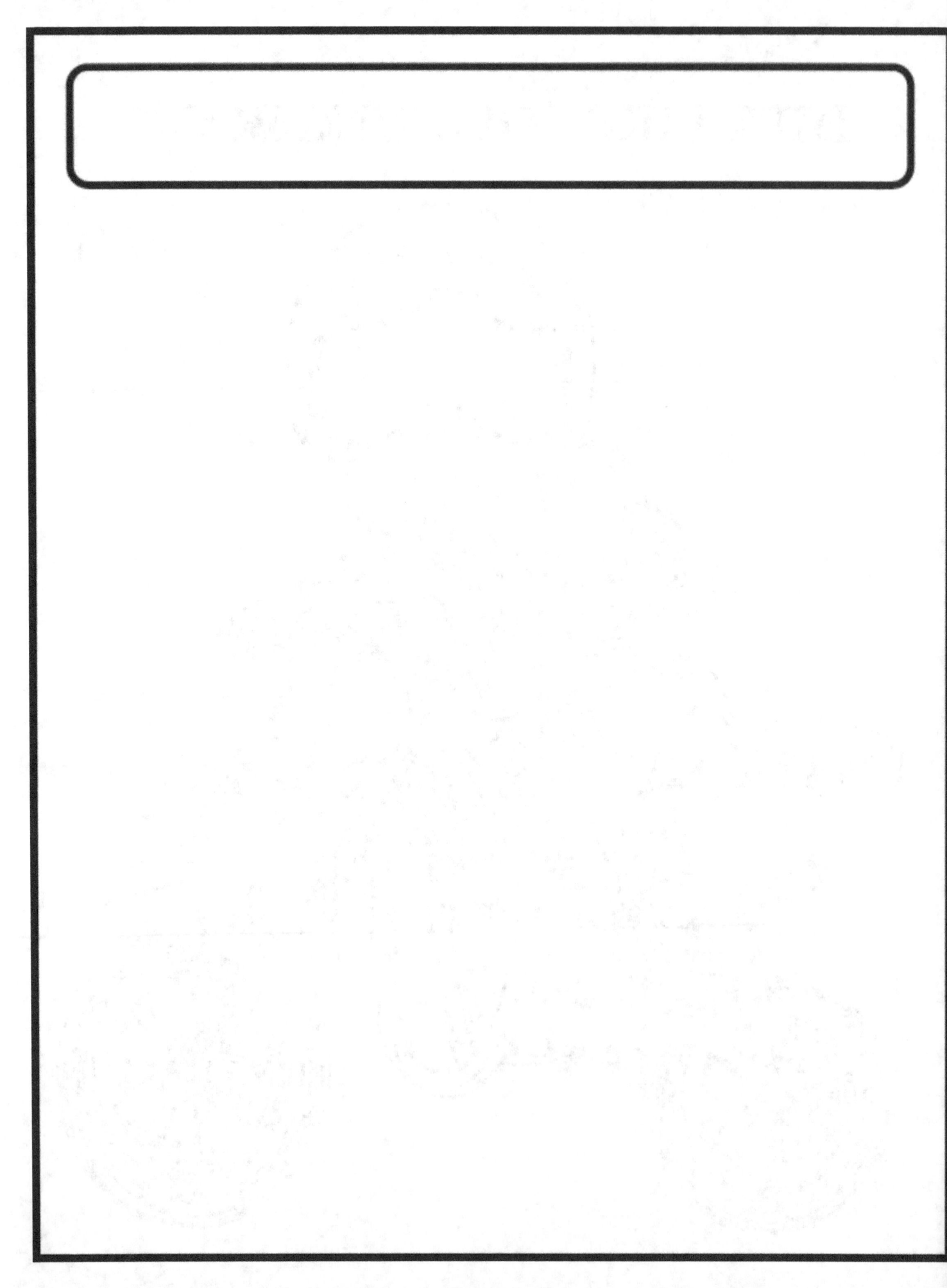

DIRT BIKE COLORING BOOK

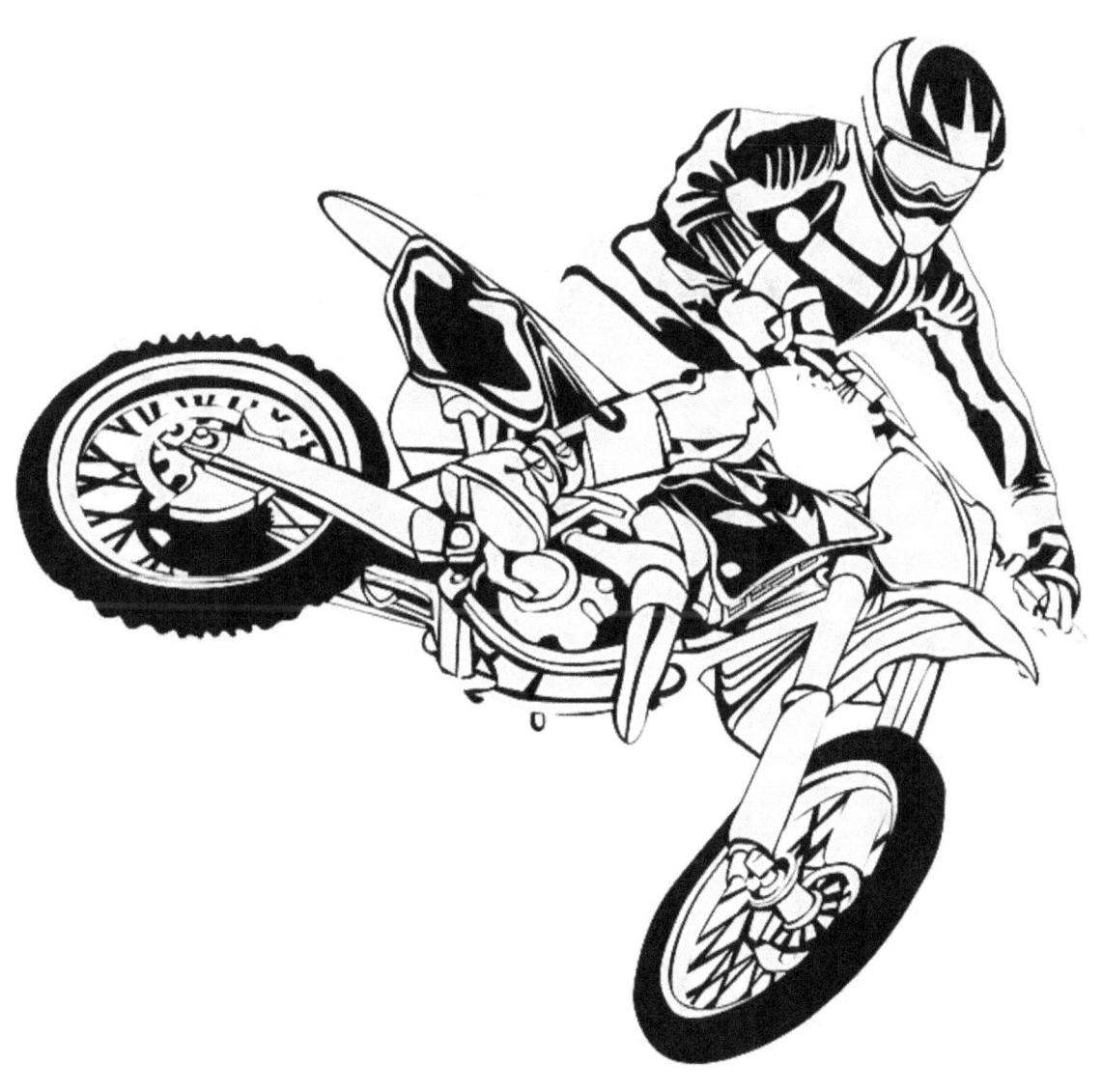

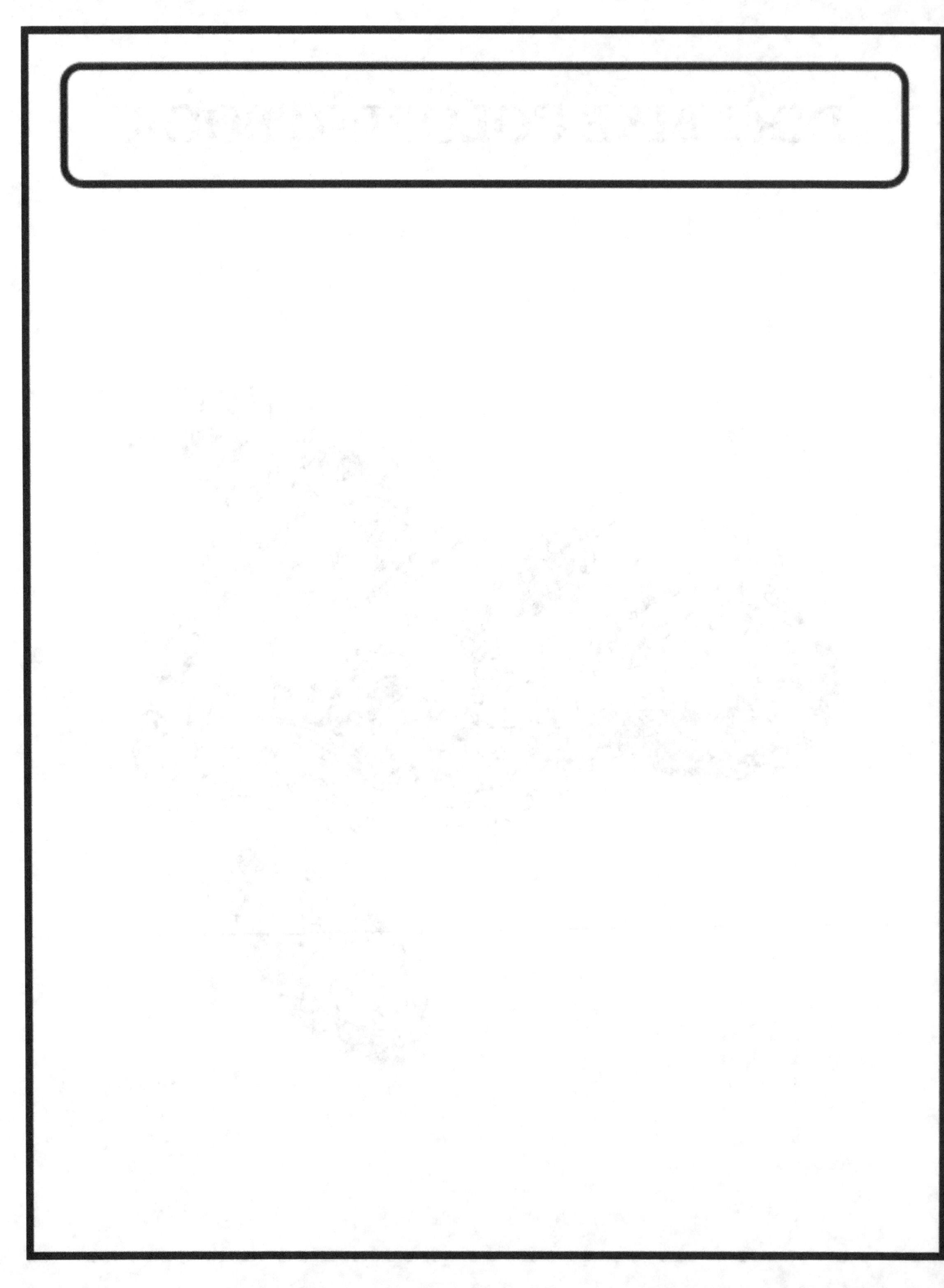

DIRT BIKE COLORING BOOK

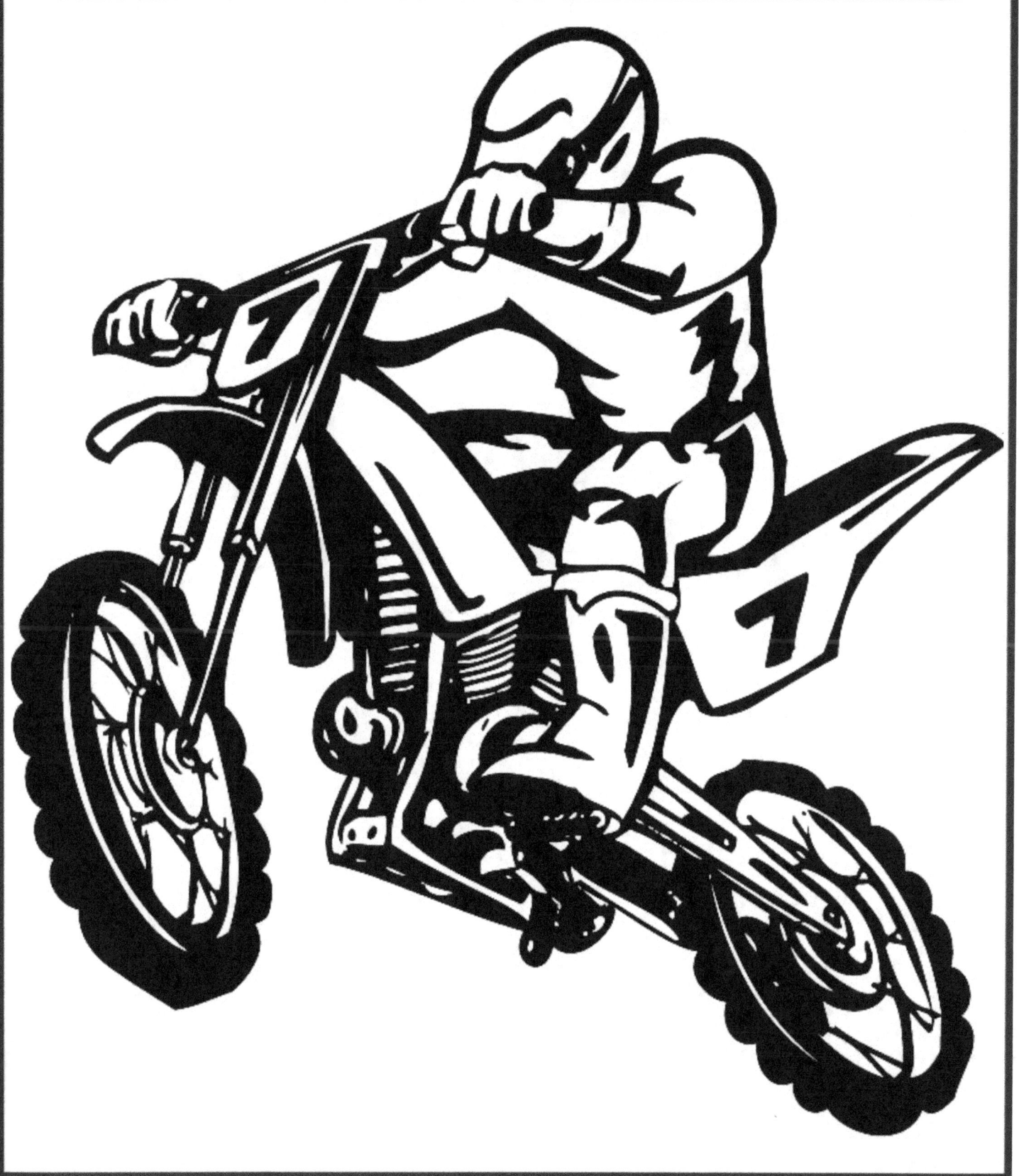

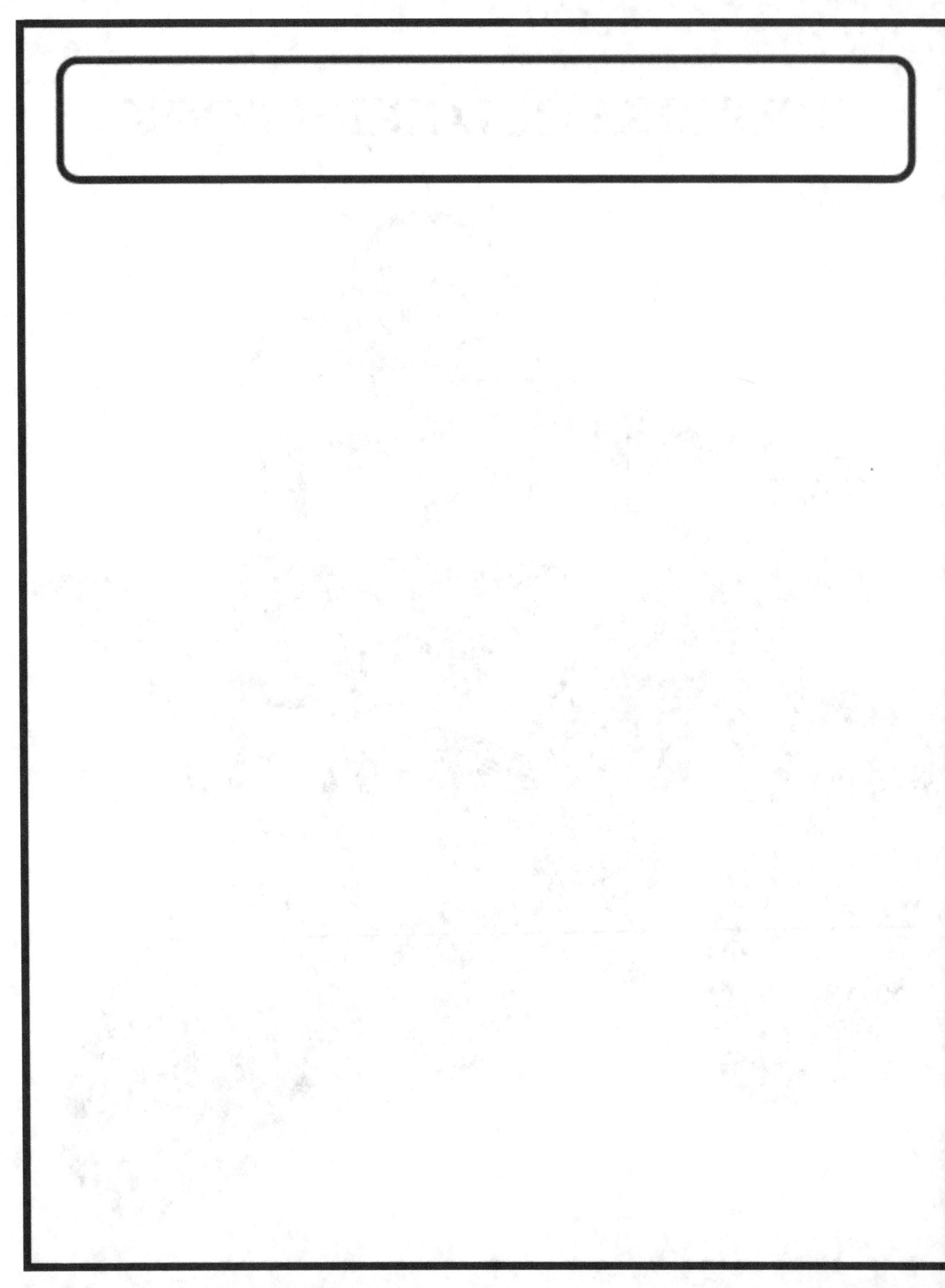

DIRT BIKE COLORING BOOK

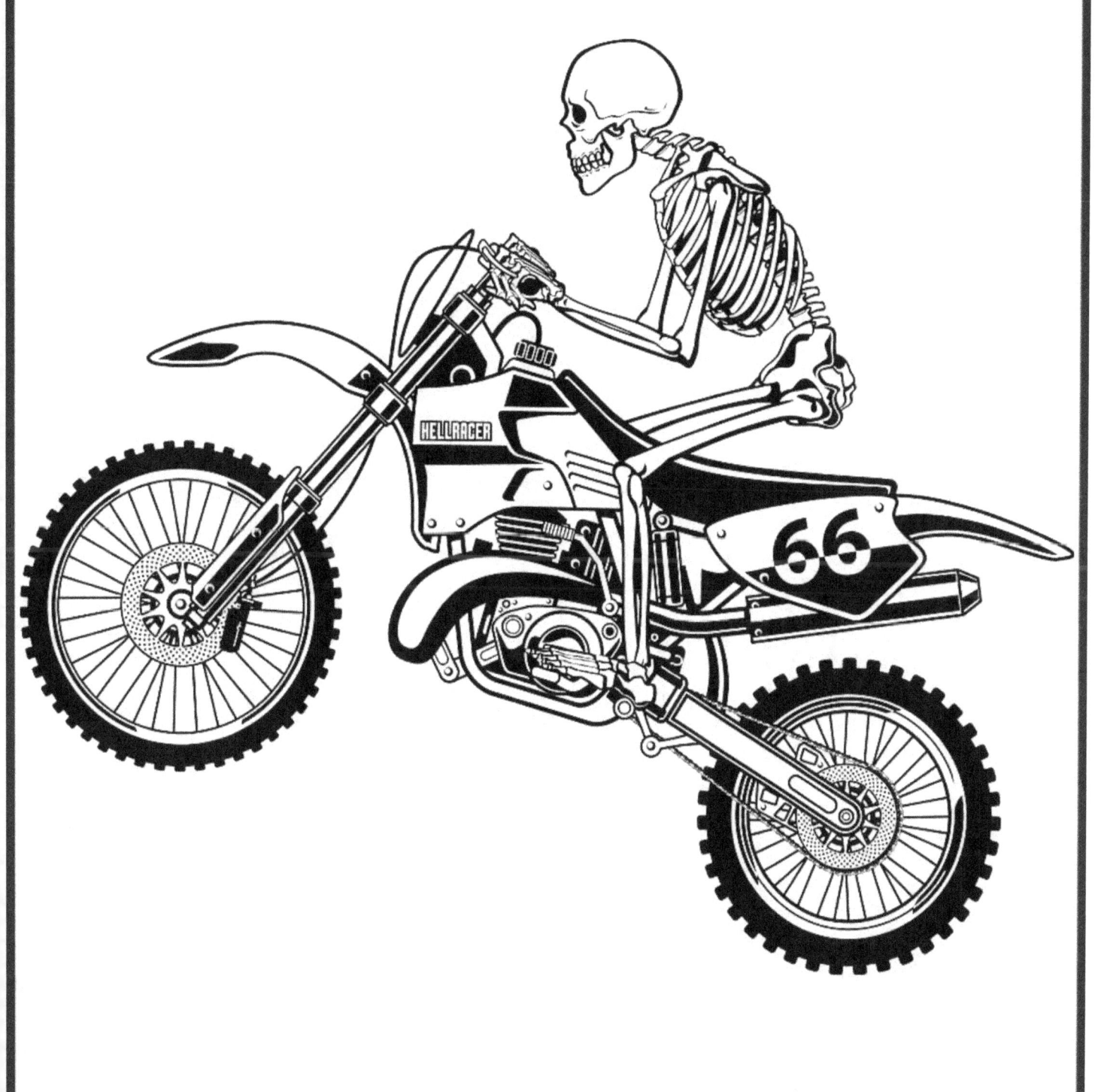

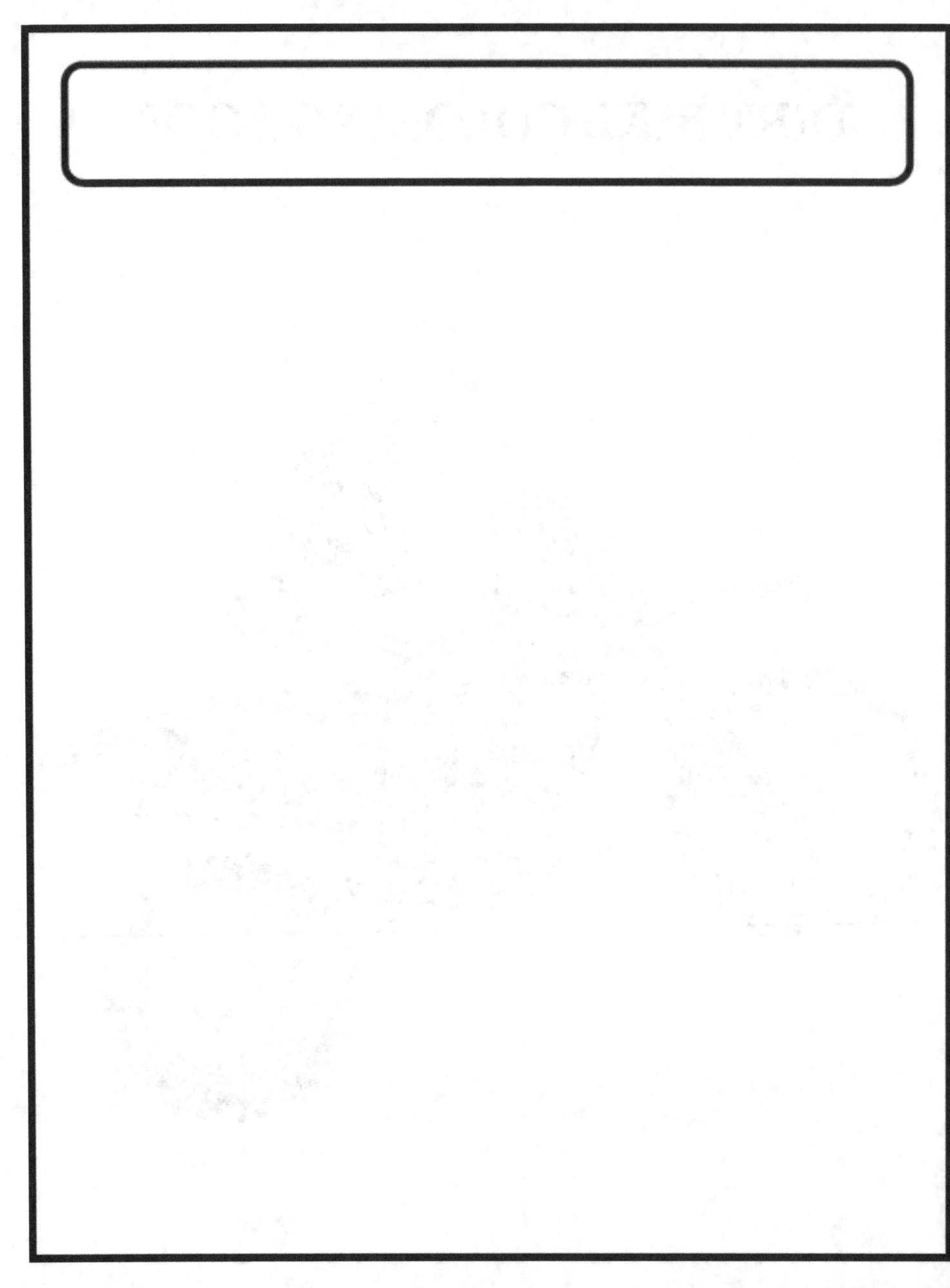

DIRT BIKE COLORING BOOK

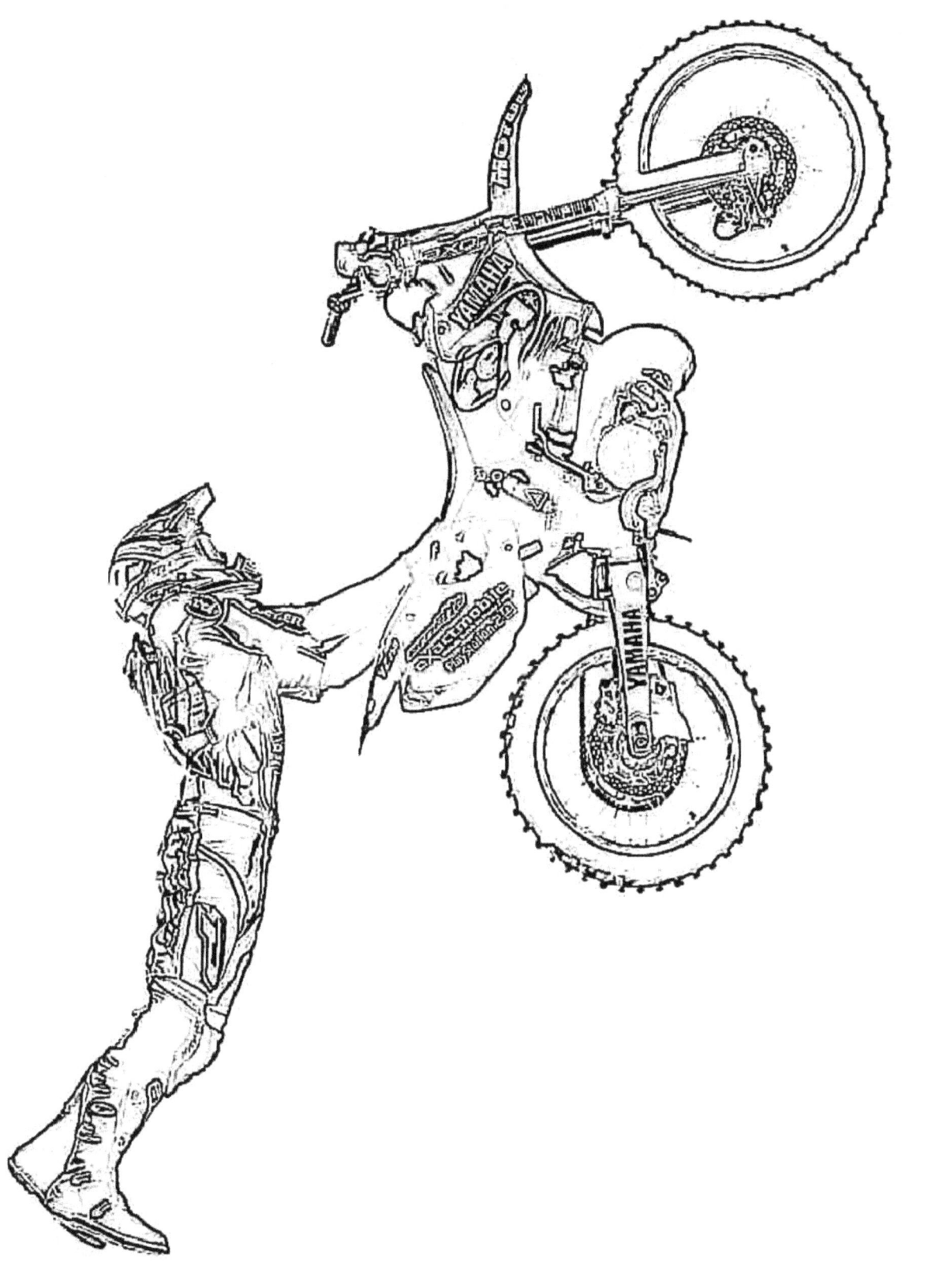

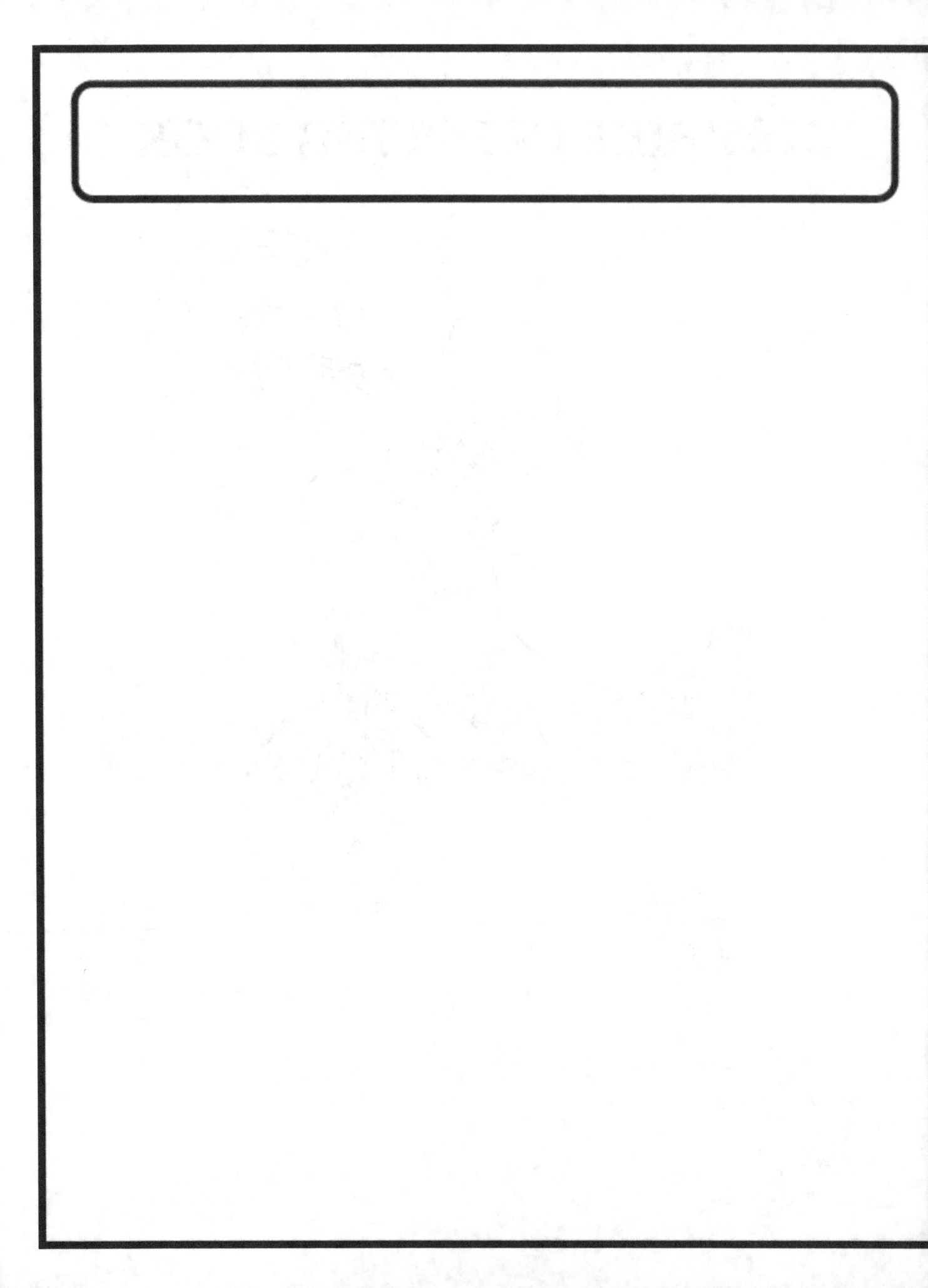

DIRT BIKE COLORING BOOK

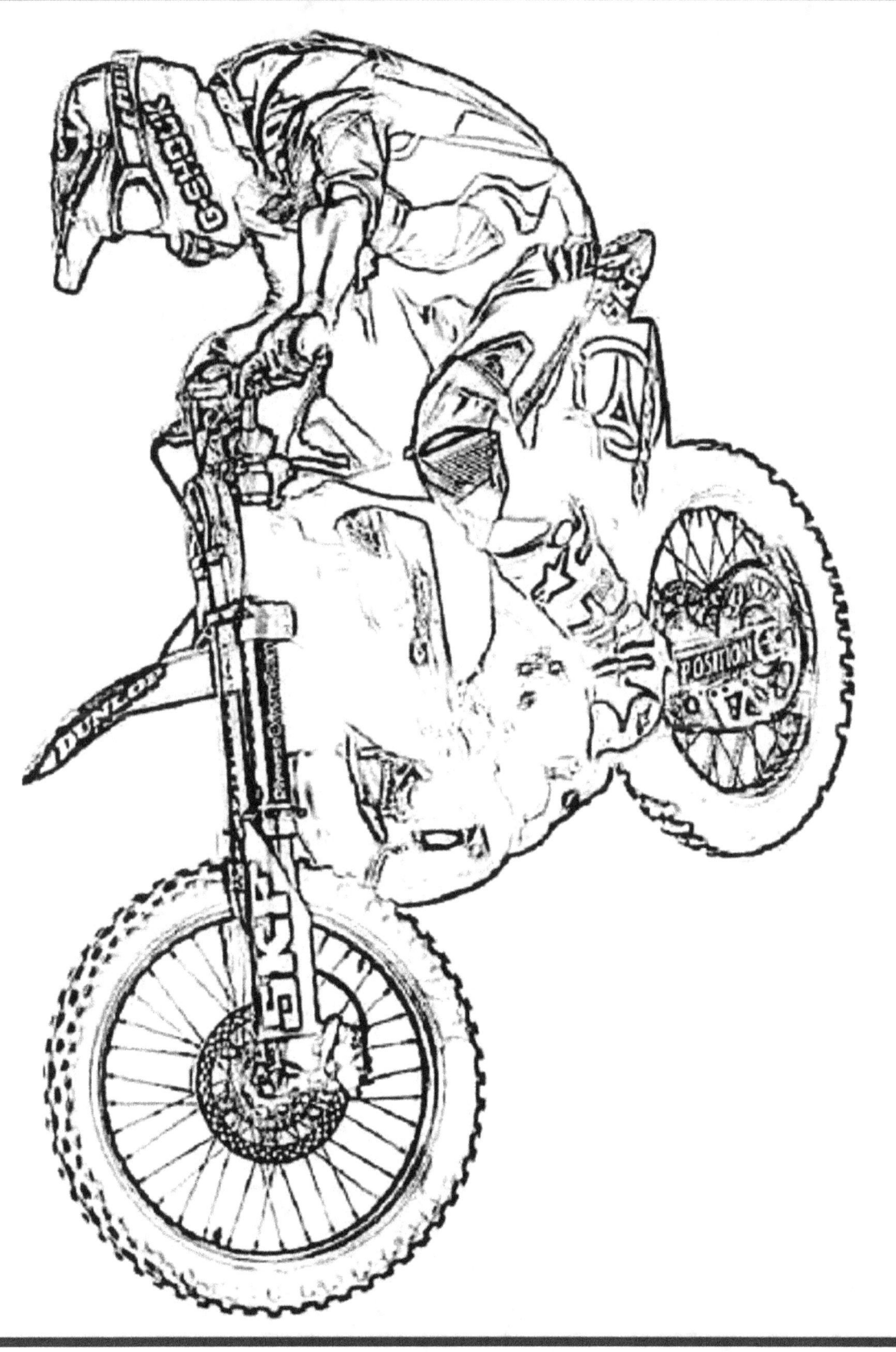

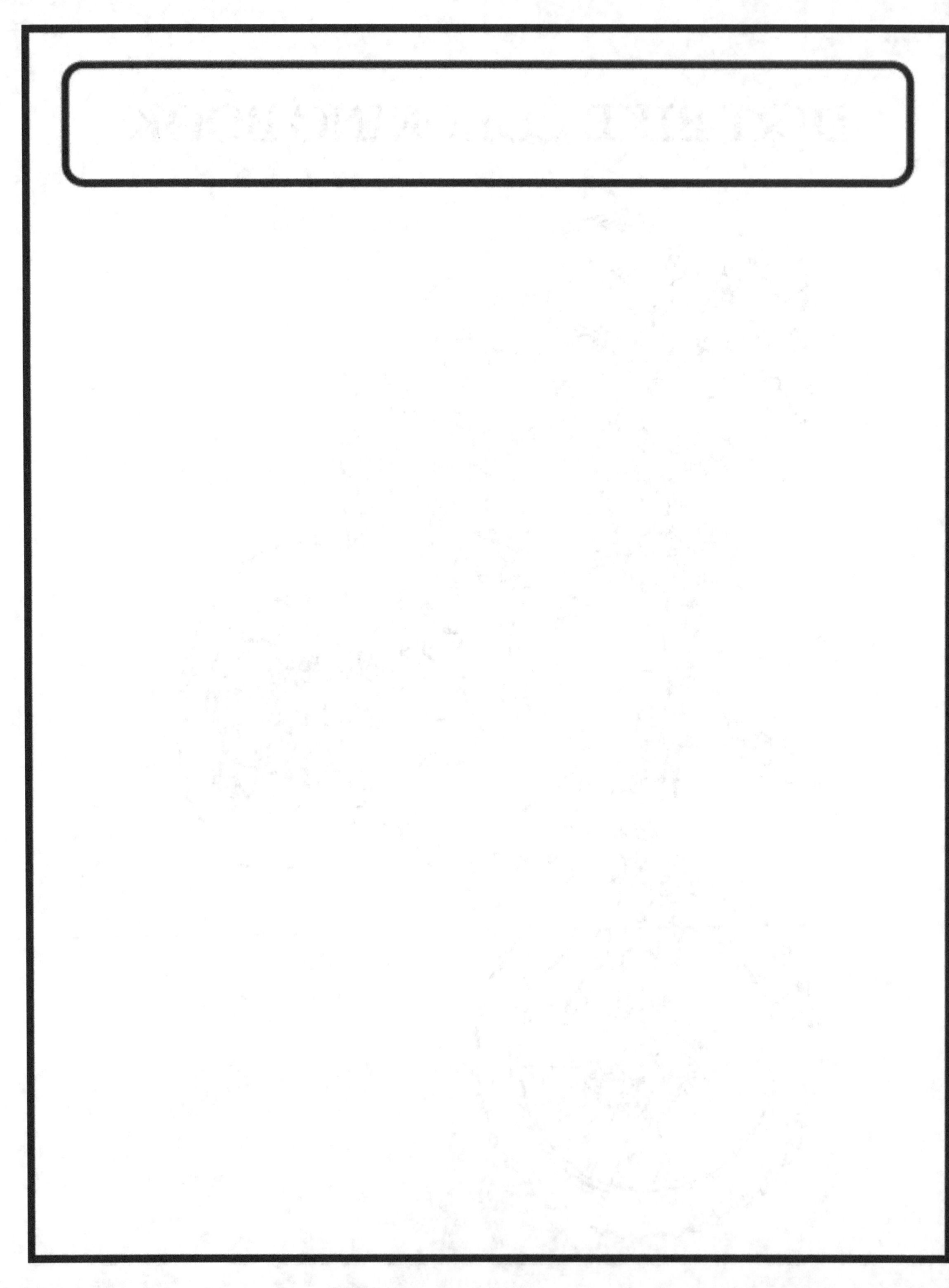

DIRT BIKE COLORING BOOK

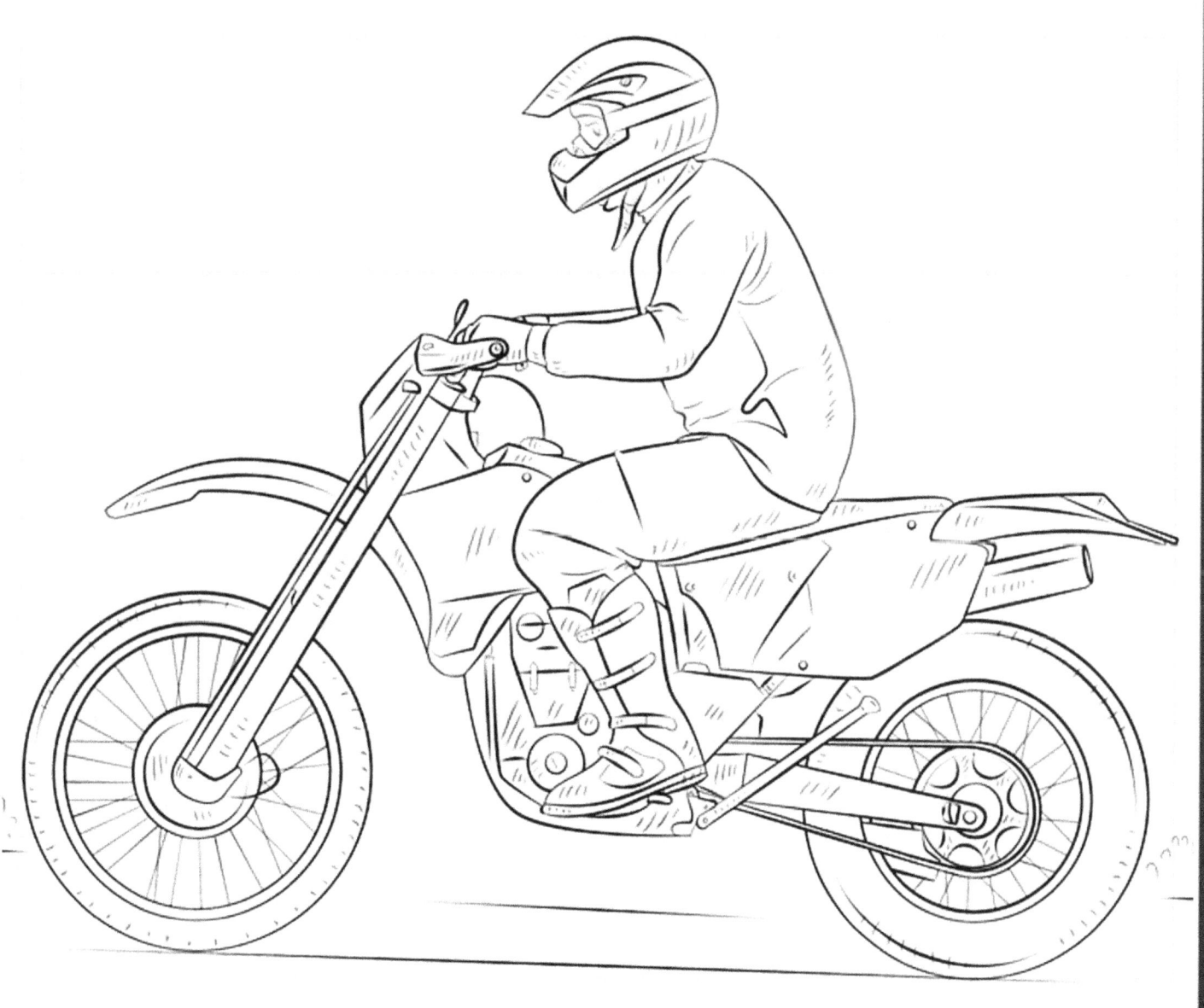

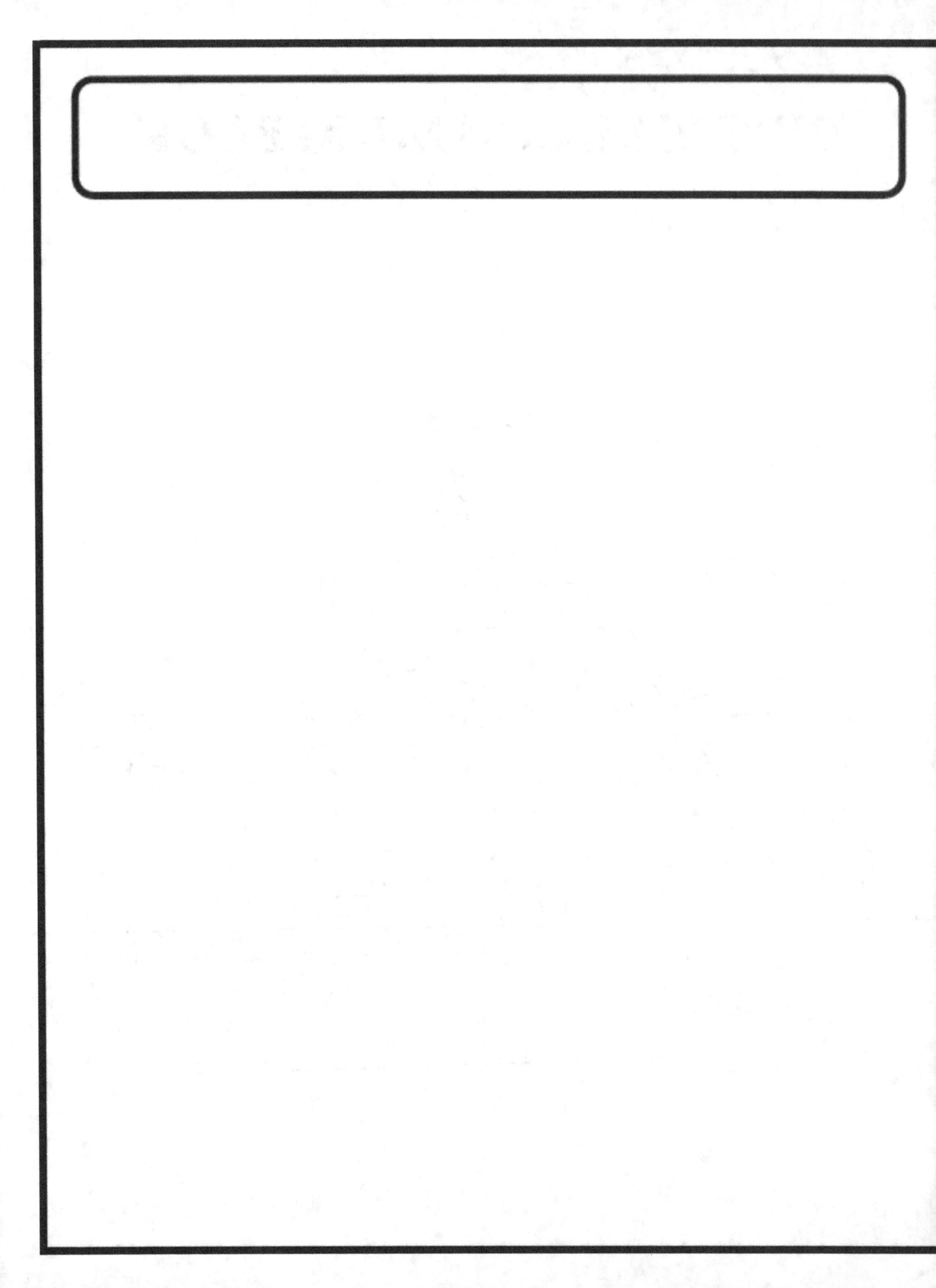

DIRT BIKE COLORING BOOK

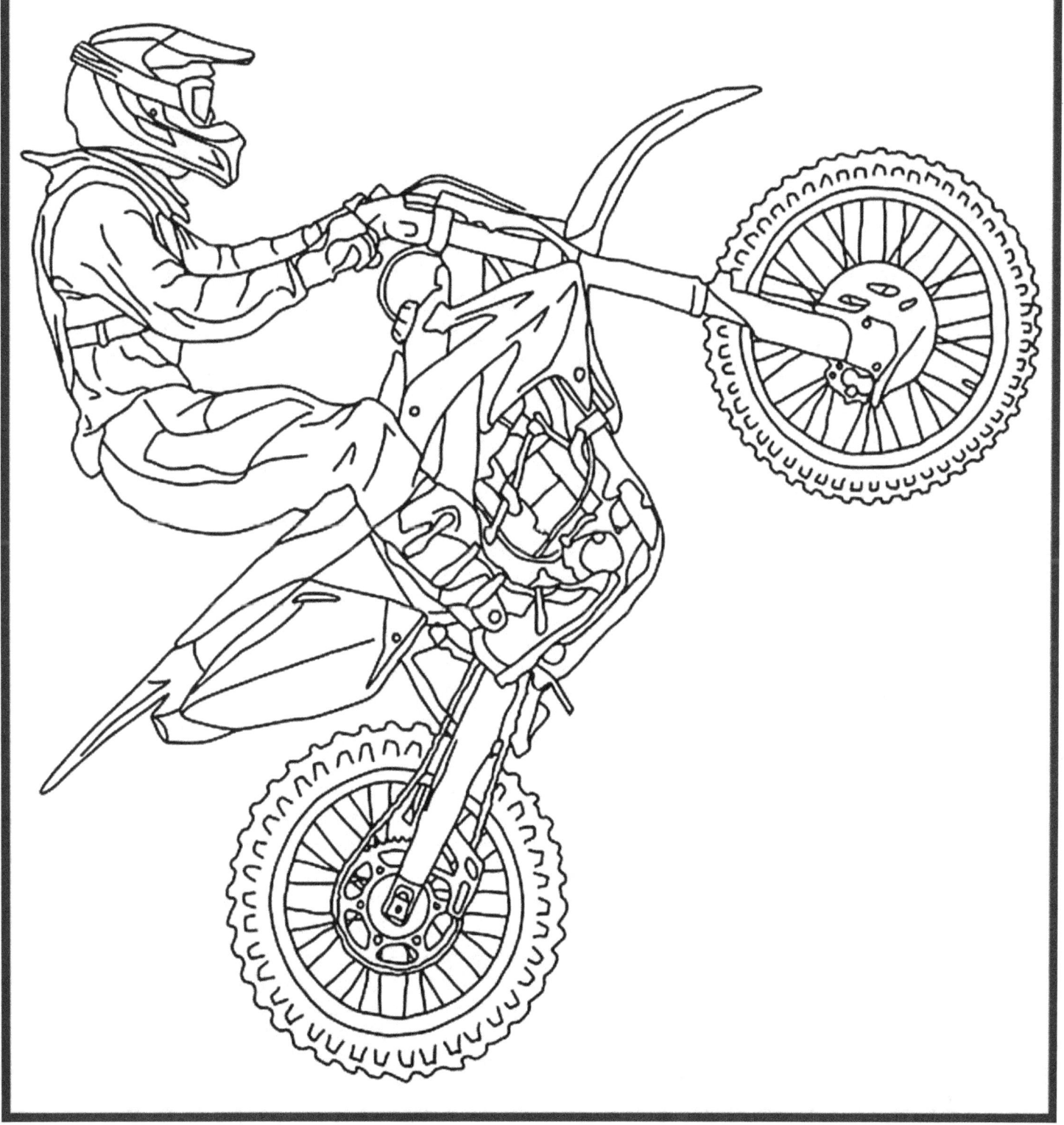

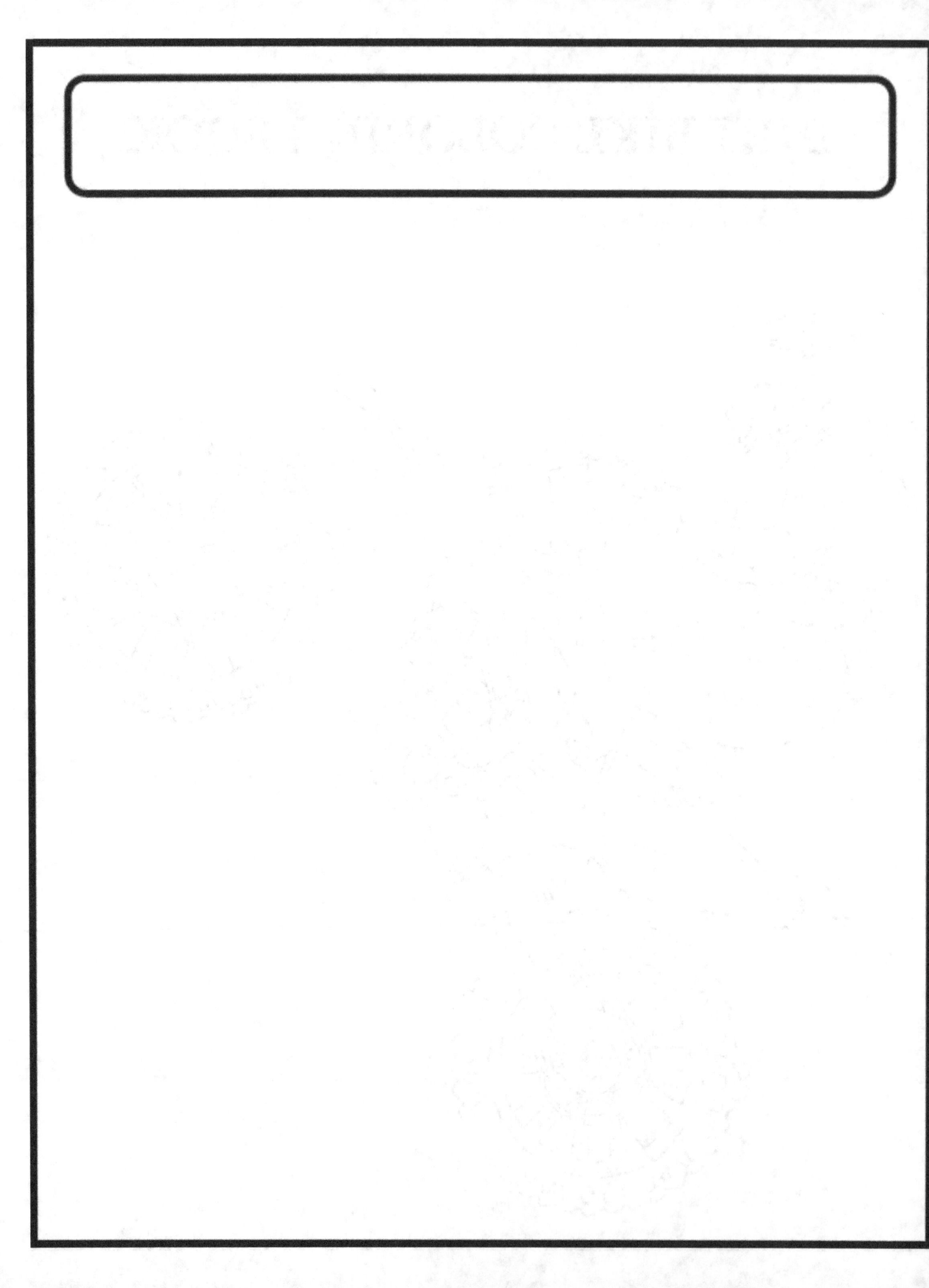

DIRT BIKE COLORING BOOK

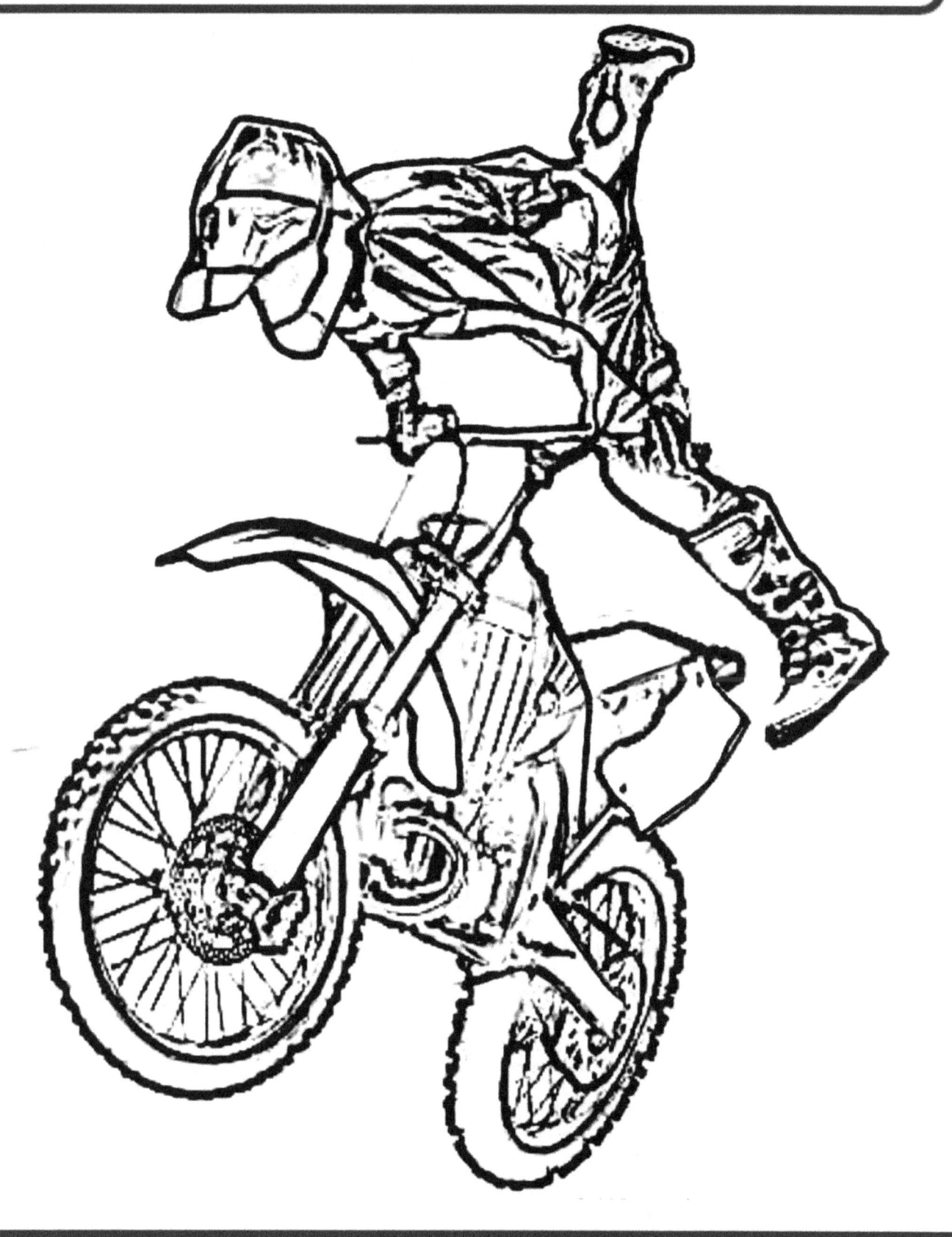

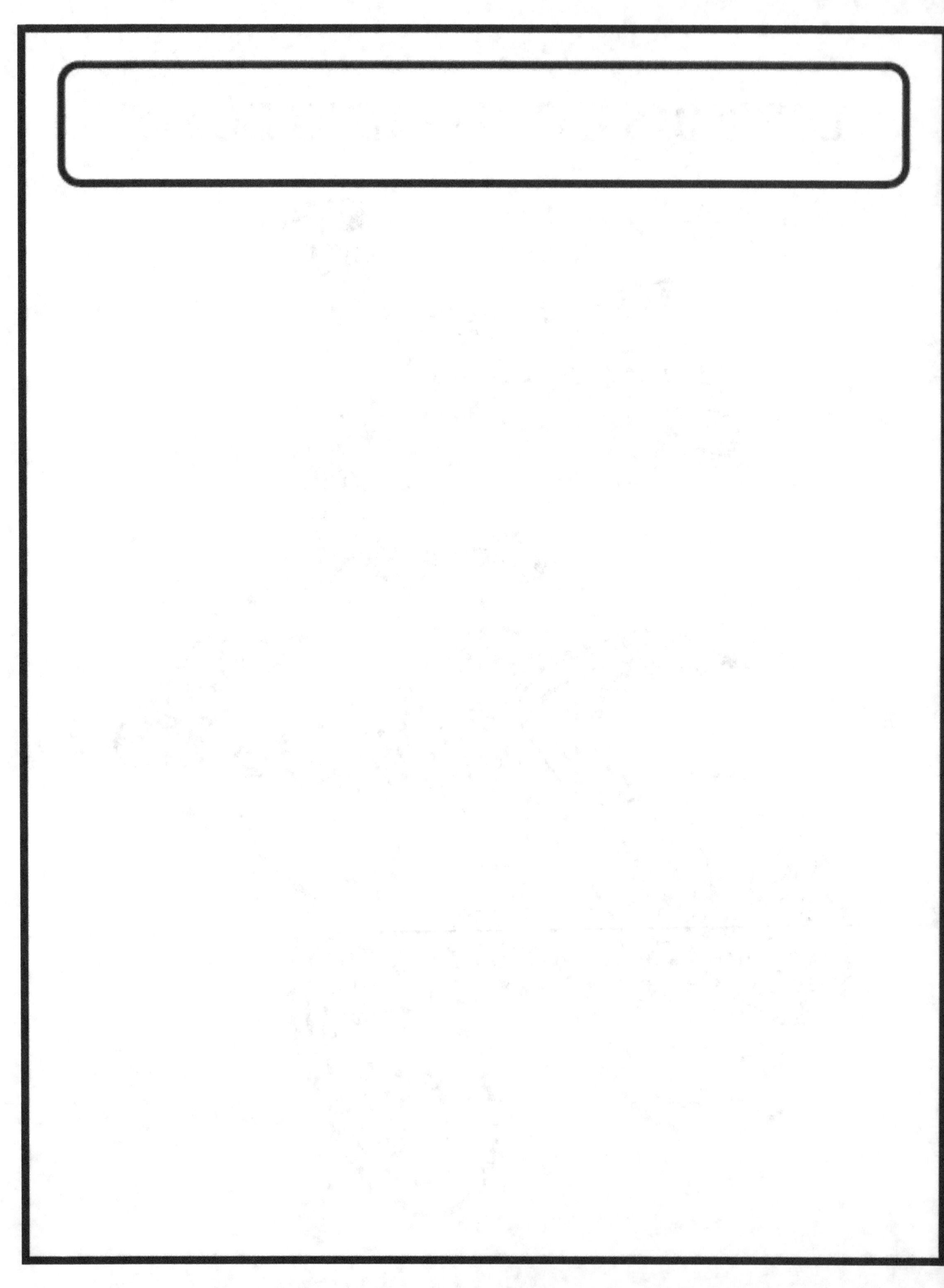

DIRT BIKE COLORING BOOK

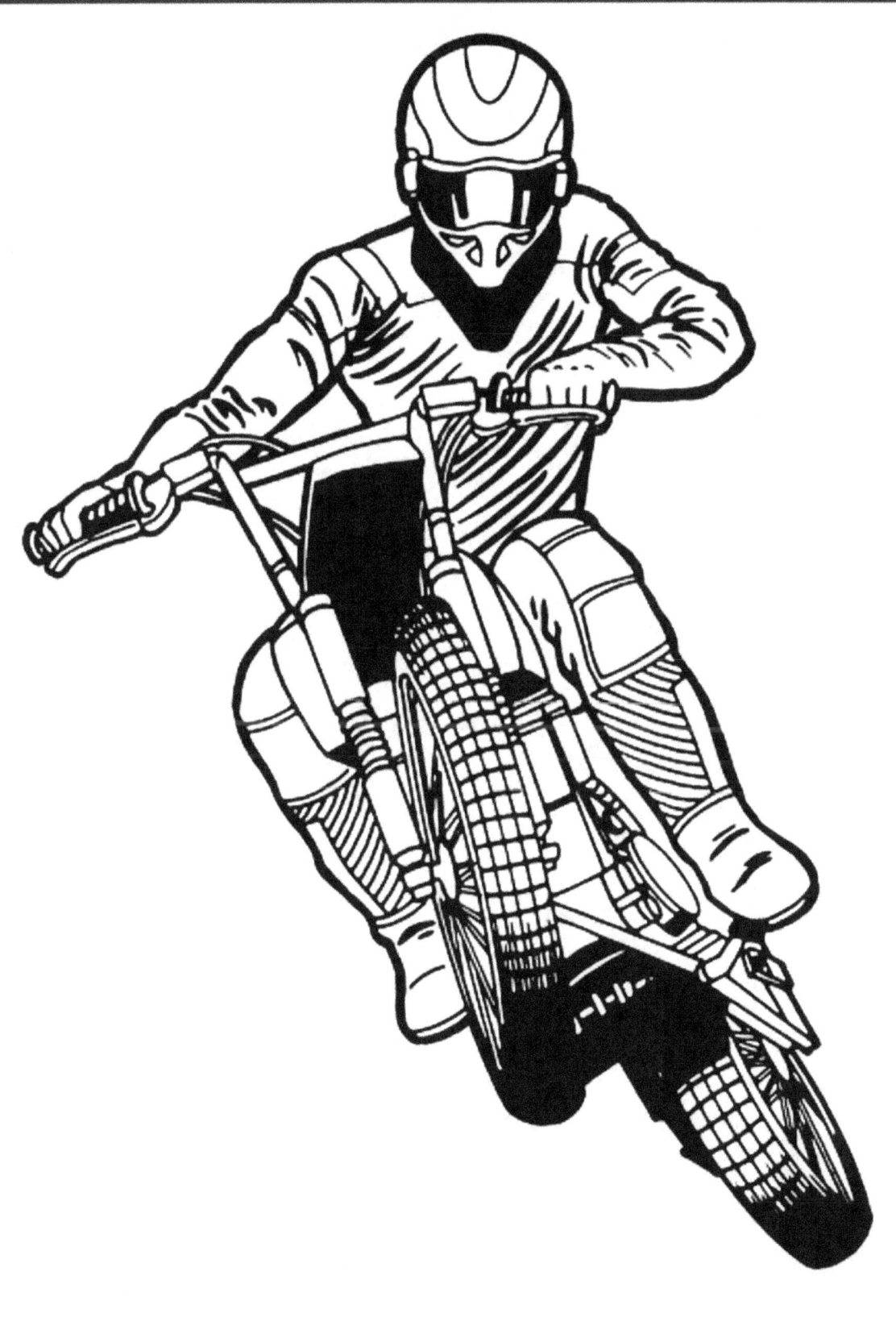

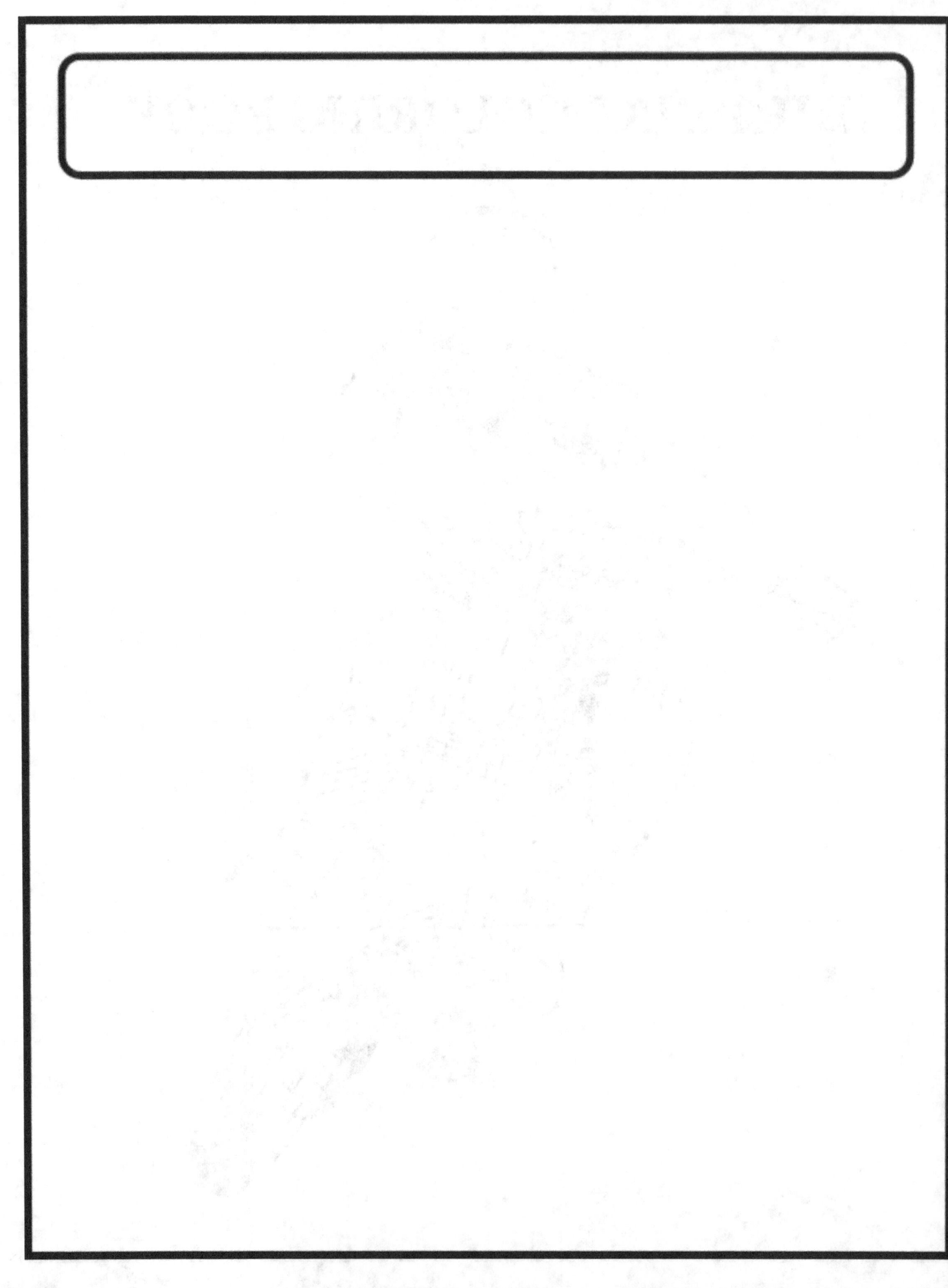

DIRT BIKE COLORING BOOK

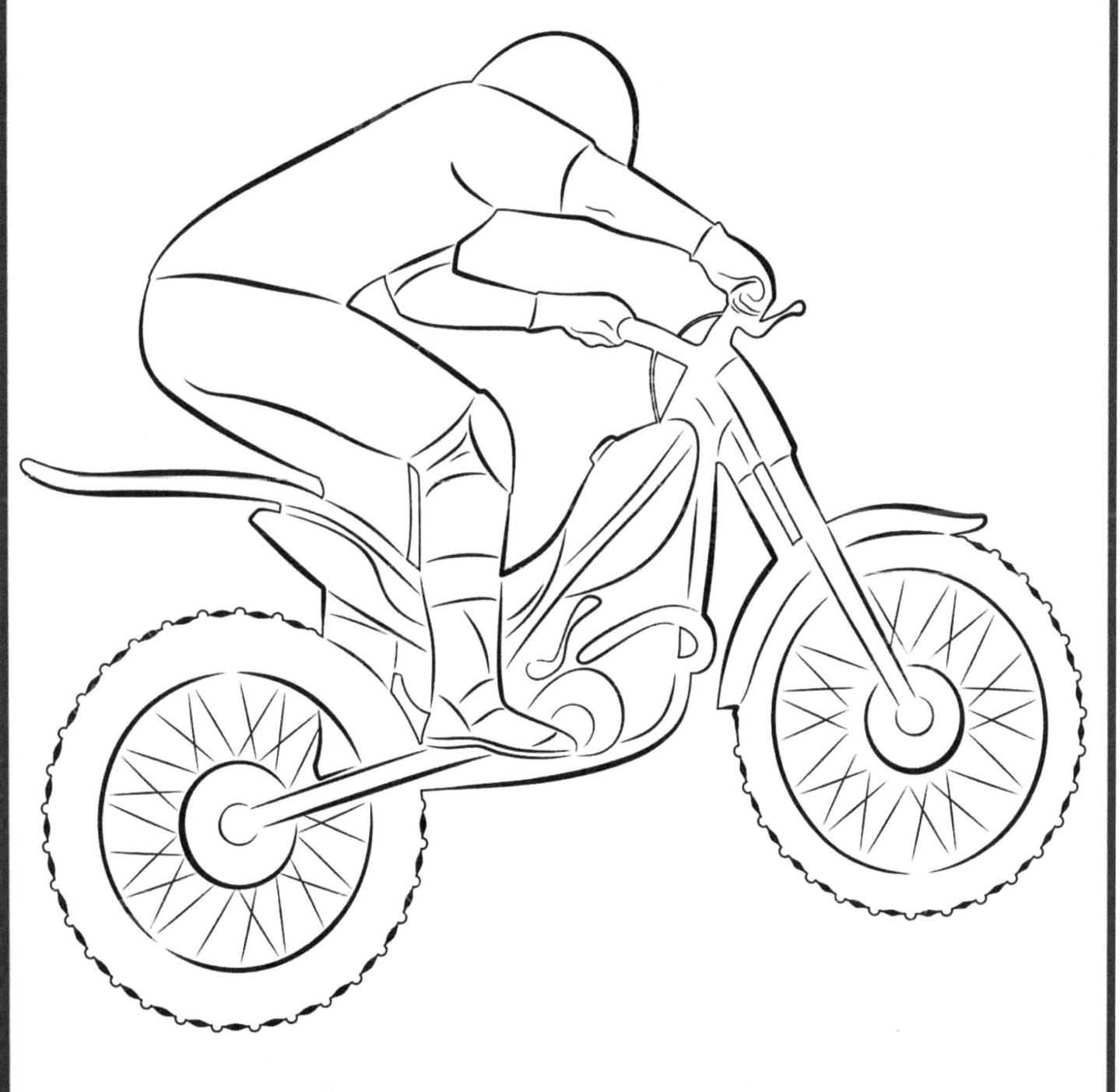

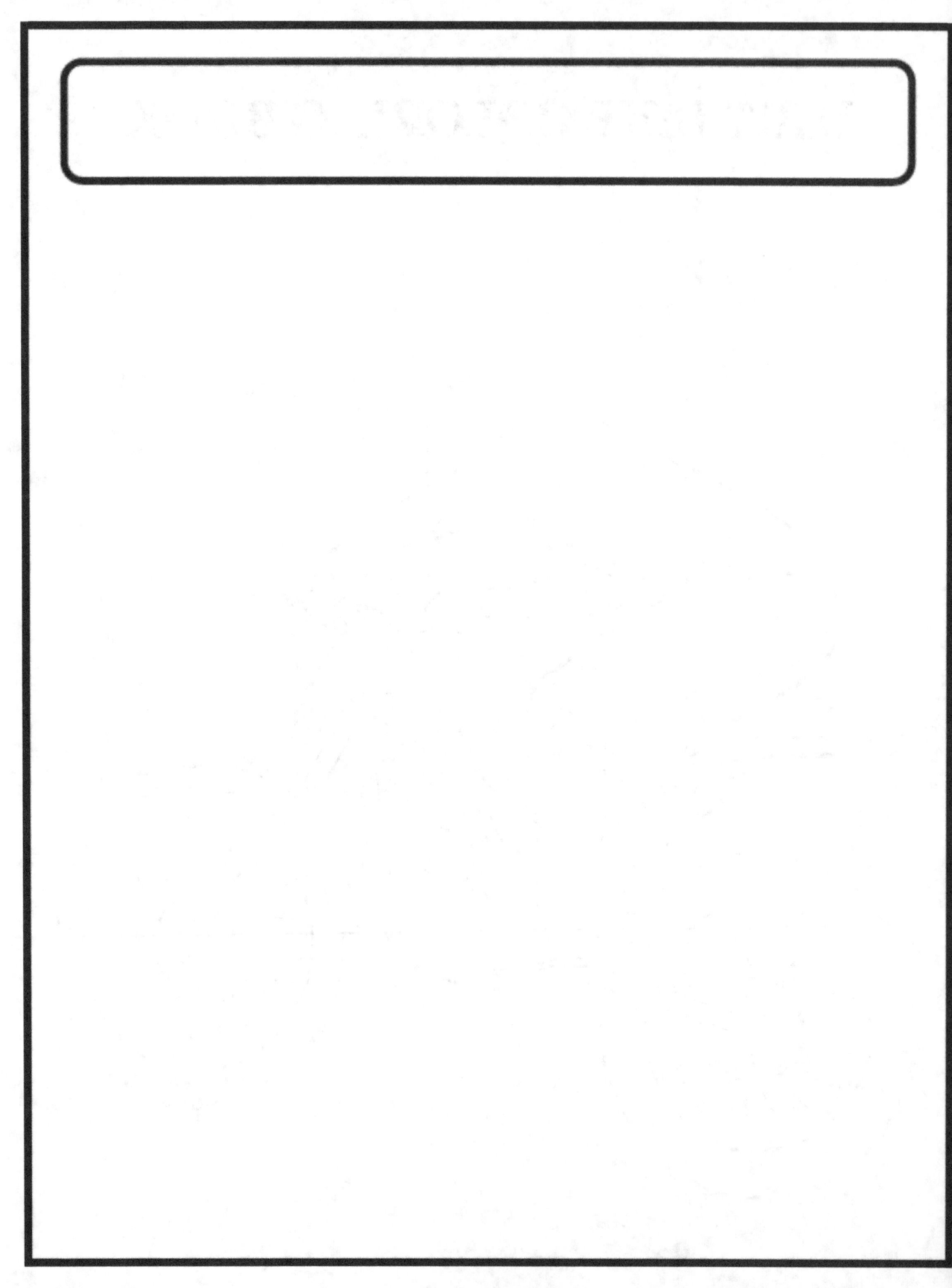

DIRT BIKE COLORING BOOK

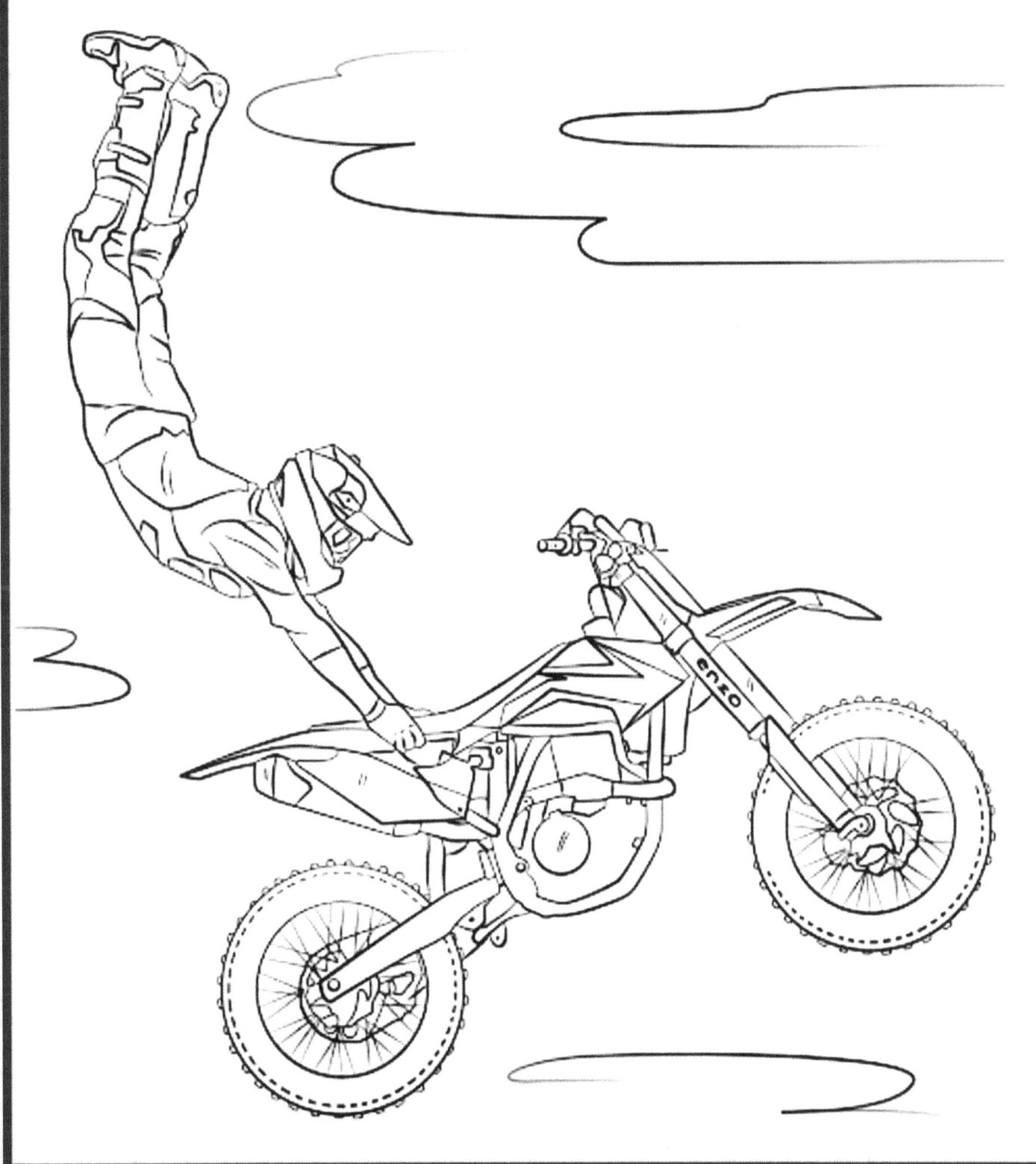

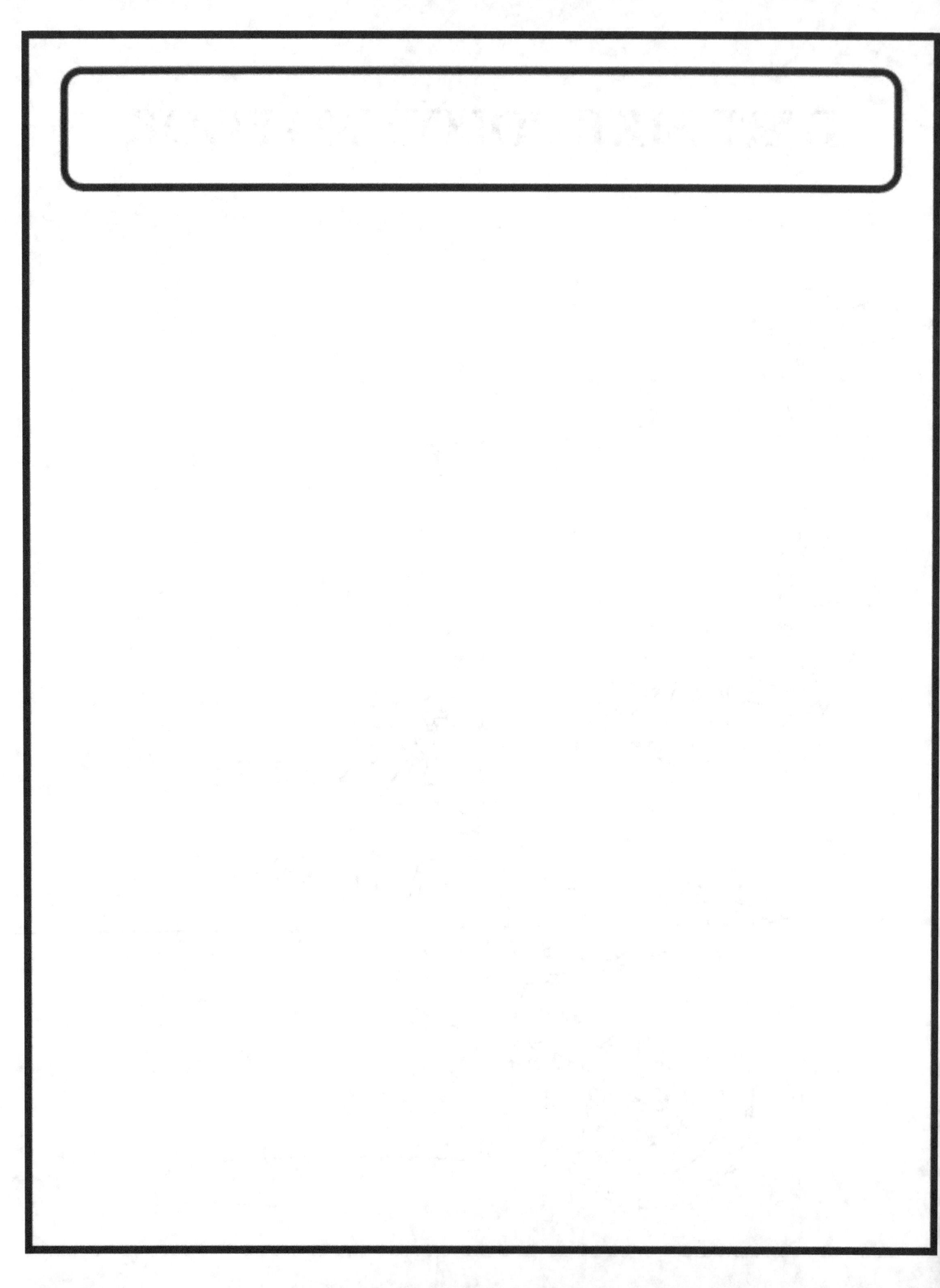

DIRT BIKE COLORING BOOK

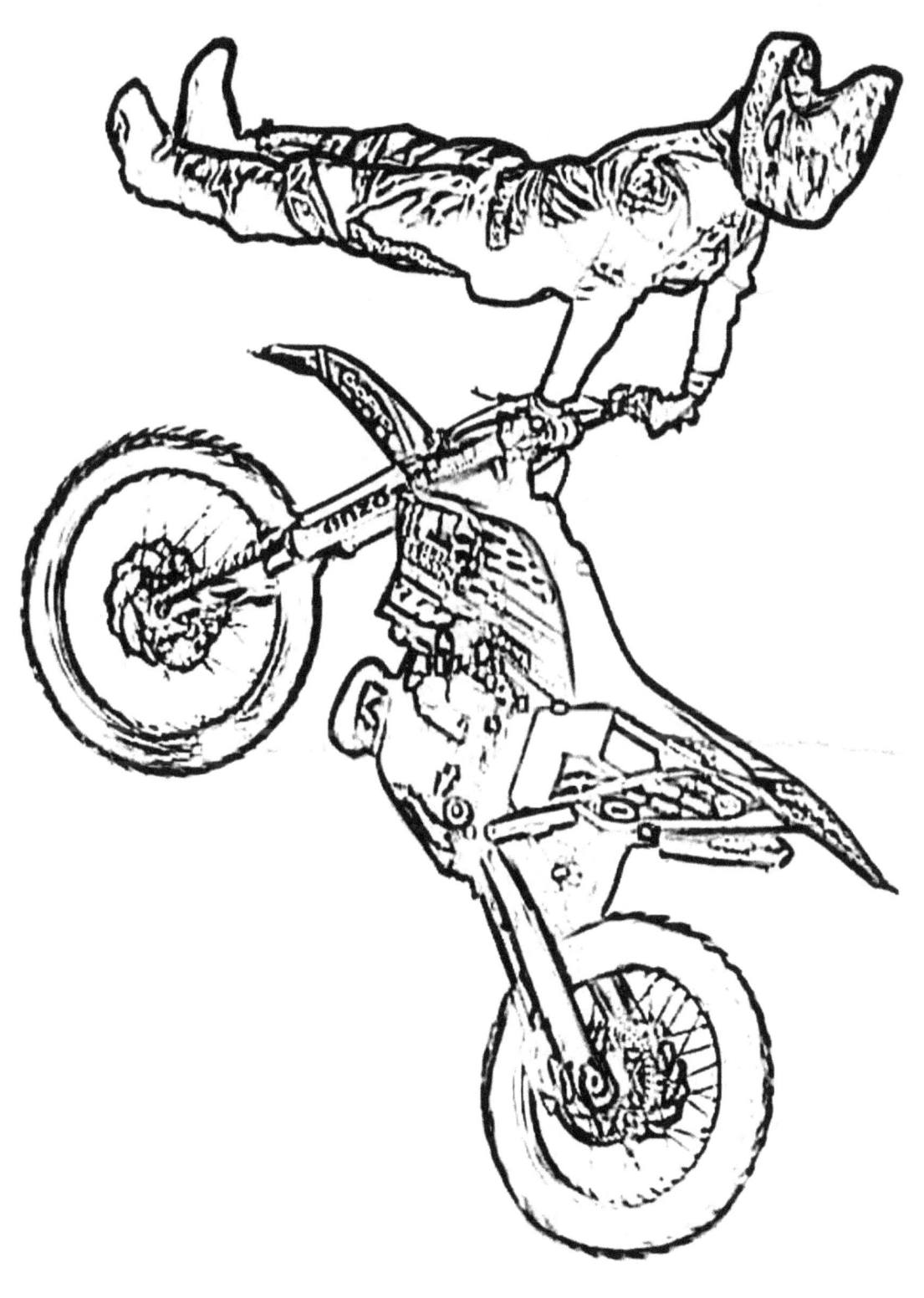

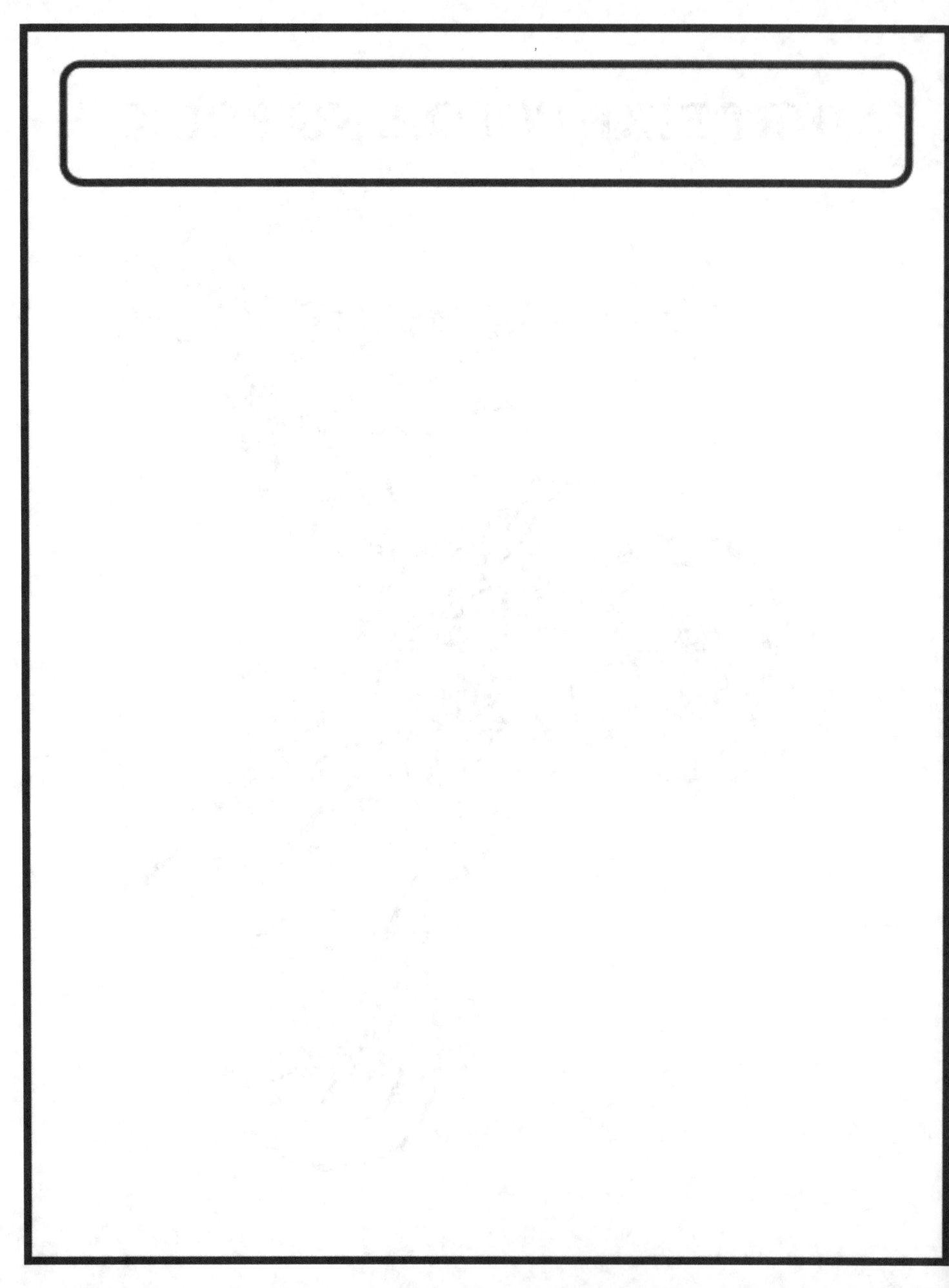

DIRT BIKE COLORING BOOK

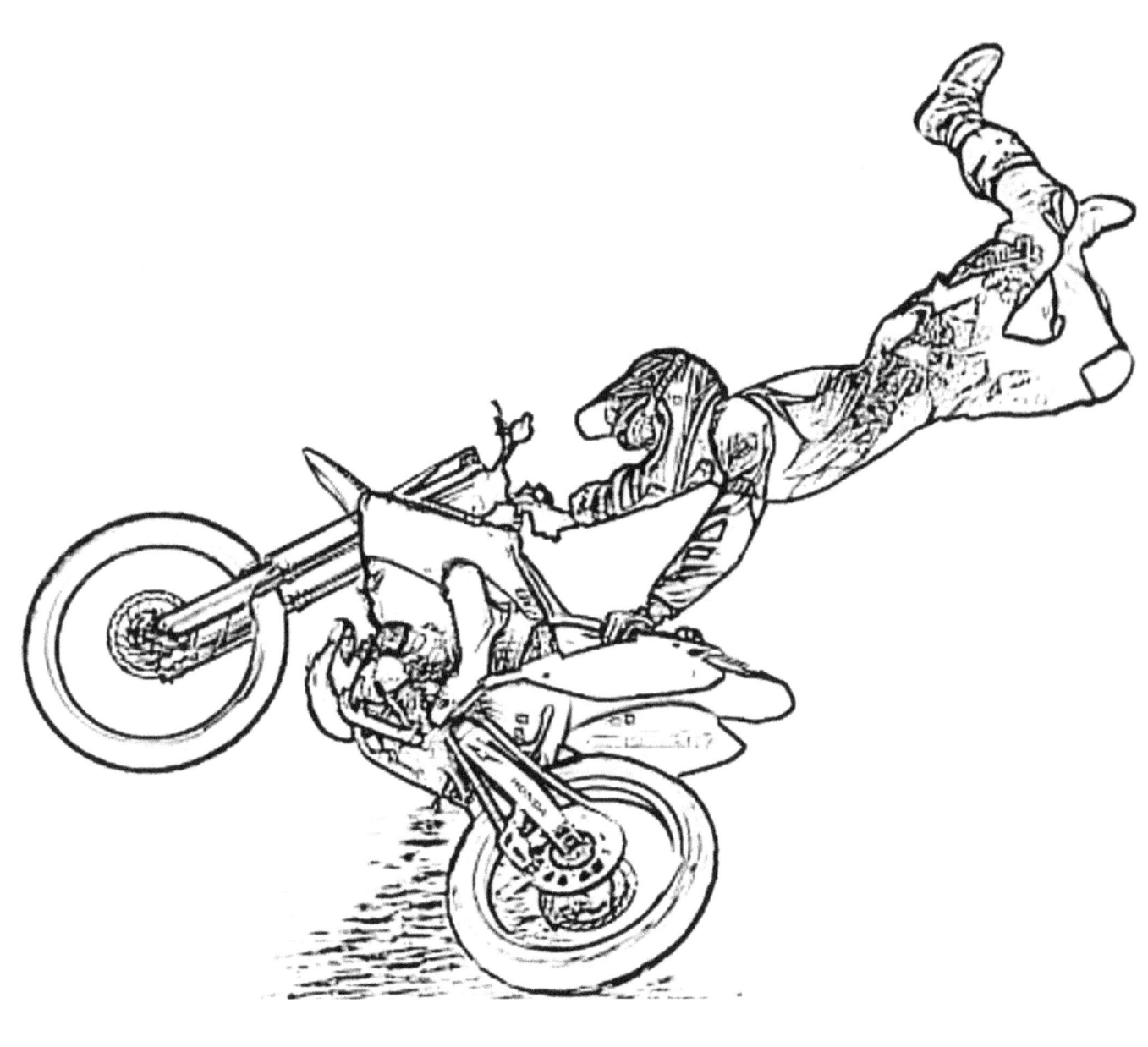

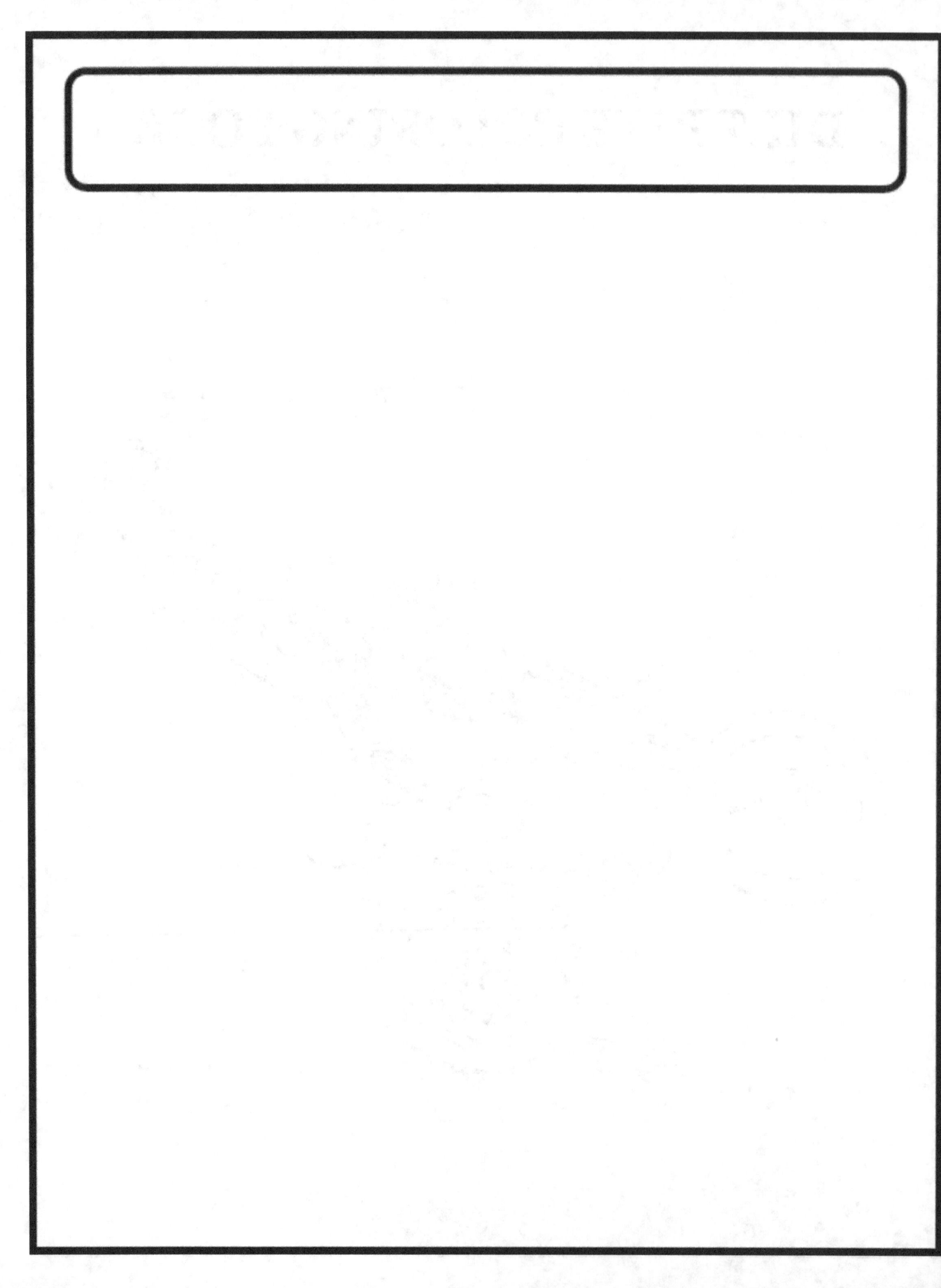

DIRT BIKE COLORING BOOK

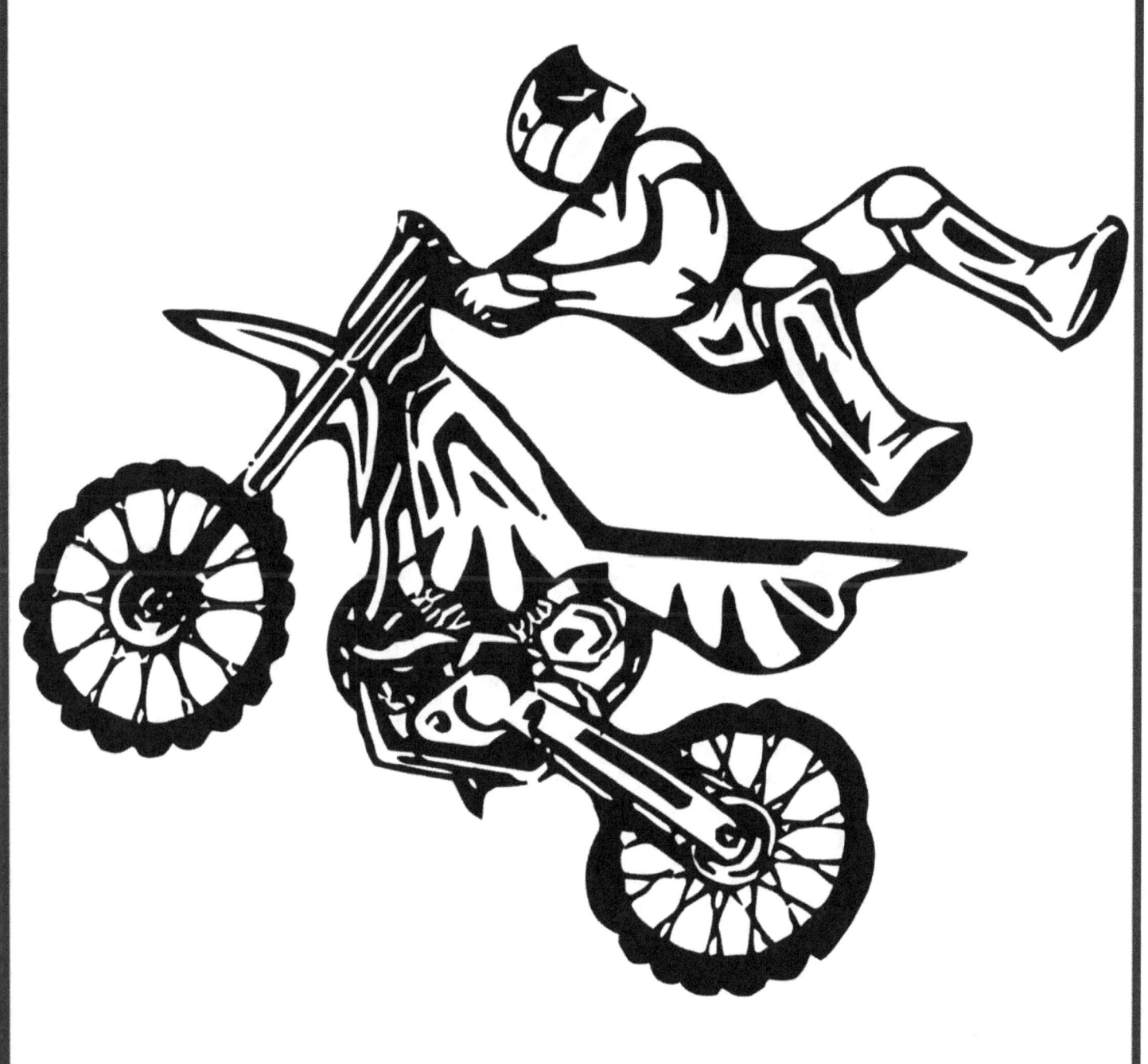

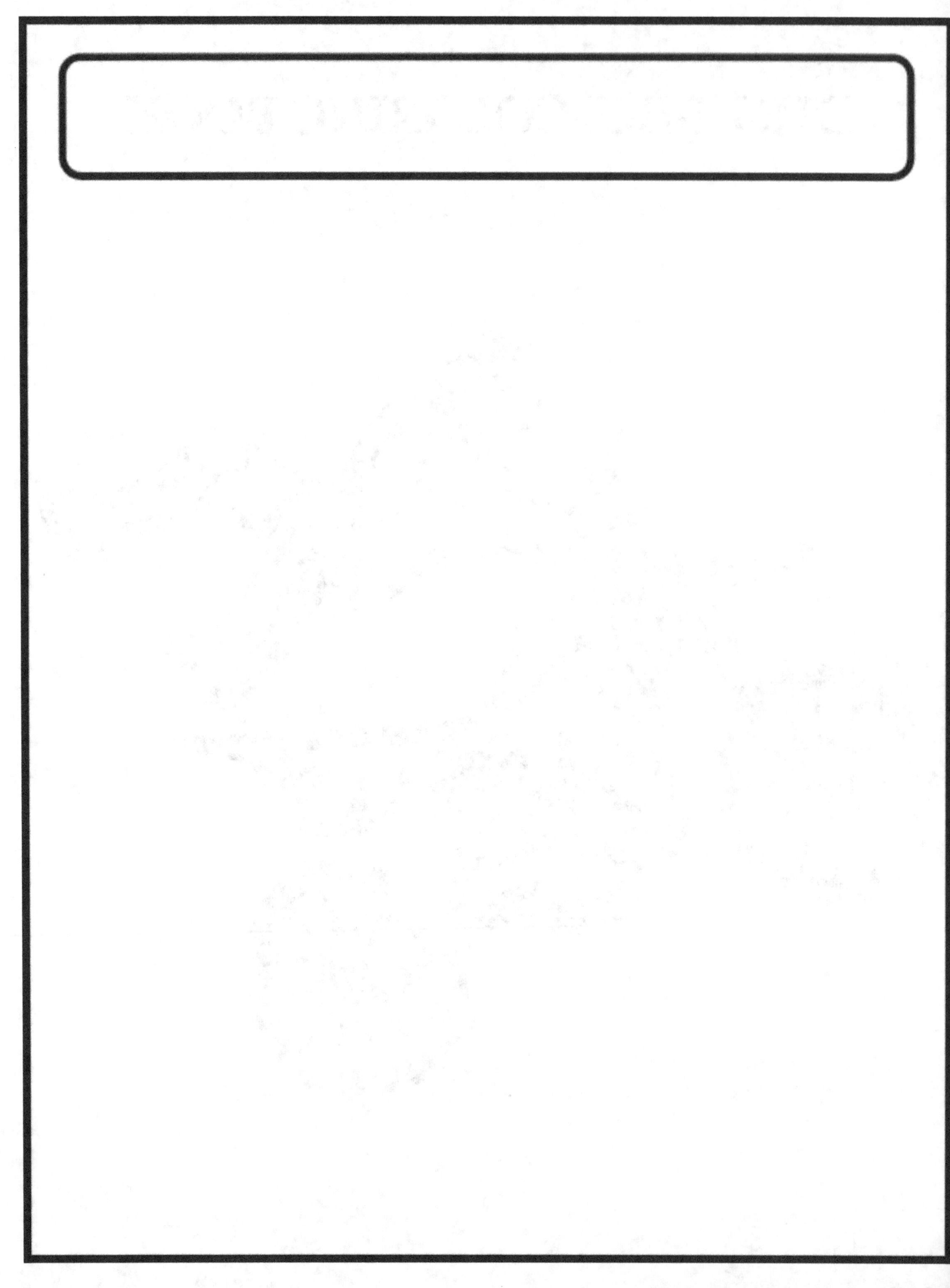

DIRT BIKE COLORING BOOK

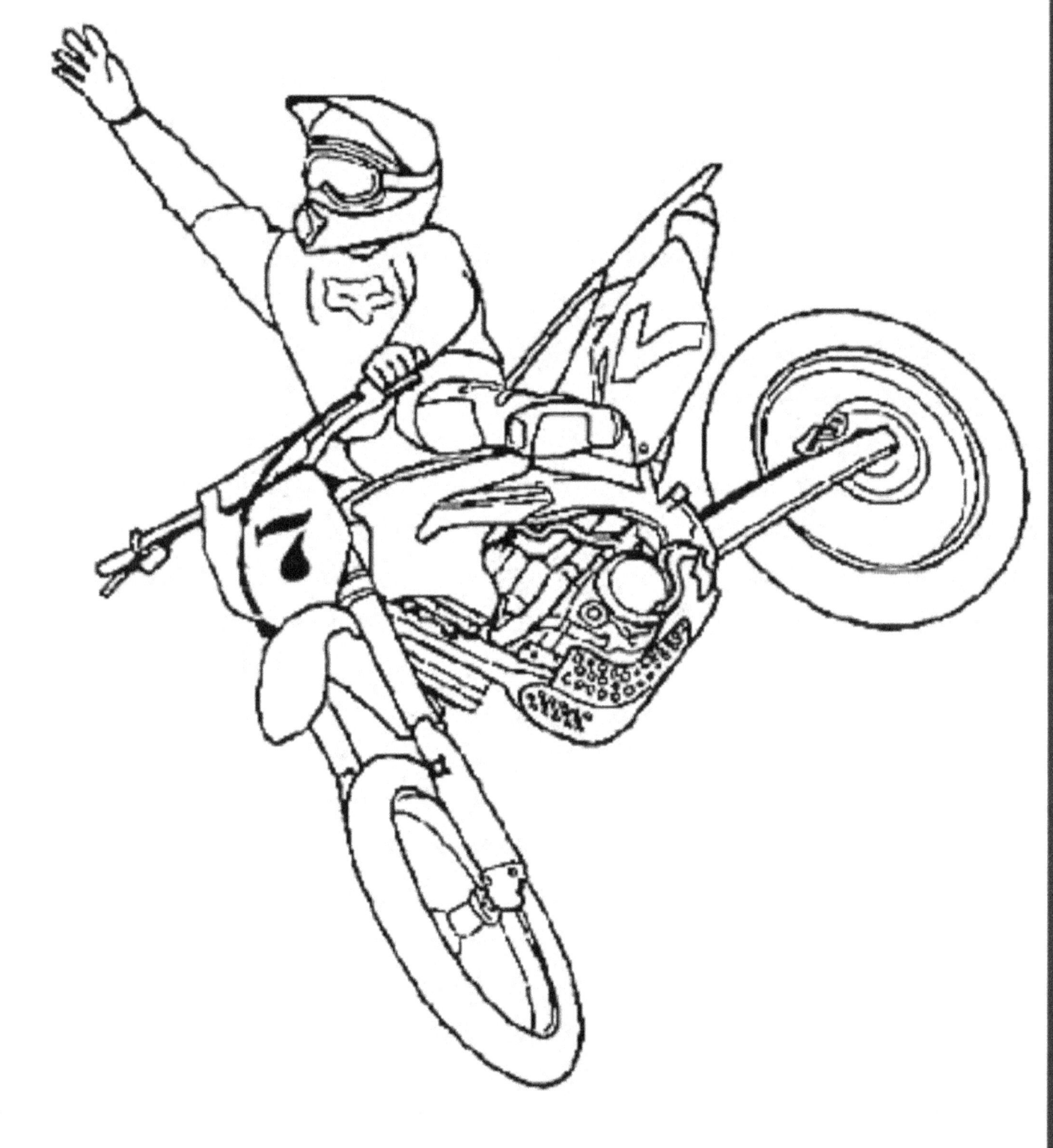

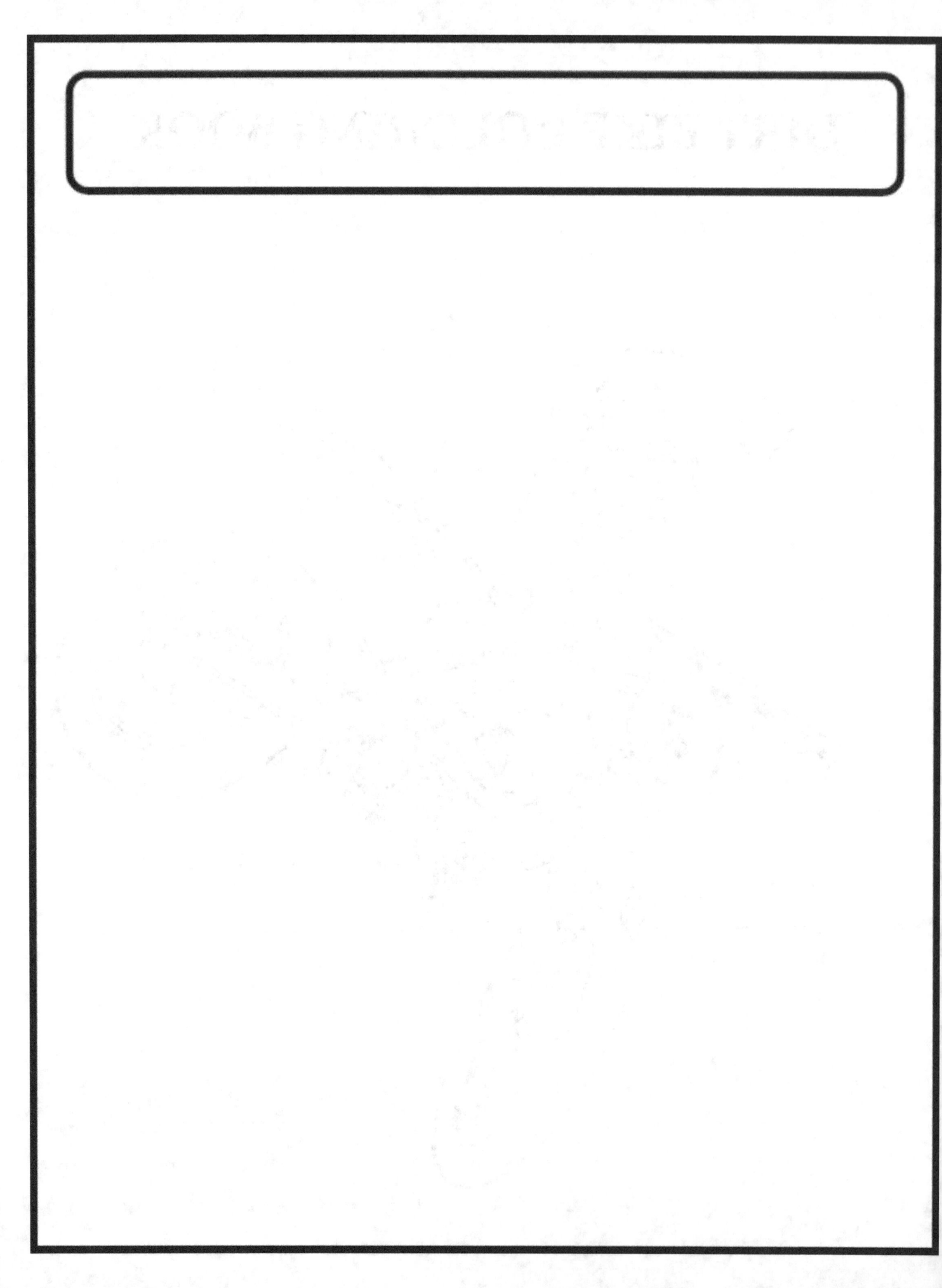

Enjoying this Notebook?

Please leave *Black Rose Press House* a review
because we would love to know your thought,
feedback, and opinions to create
better products for you.
*Please share how you creatively use your
notebooks and journals.*

THANKS
FOR YOUR SUPPORT

Scan This Qr Code And Visit Our
Author Page At-
amazon.com